Ella Maillart

Ella Maillart mit Katze.

Ella Maillart

Ti-Puss

Mit einer Katze allein durch Indien

Nachwort von
Brigitte Ebersbach

edition ebersbach

Titel der englischen Originalausgabe:
„Ti-Puss" (Heinemann, London 1951)
Deutsche Erstveröffentlichung im Verlag Albert Müller,
Rüschlikon 1954

Die Neuausgabe folgt der Übersetzung
aus dem Englischen von Ursula von Wiese.

Bibliografische Information der Deutschen Bibliothek
Die Deutsche Bibliothek verzeichnet diese Publikation in der
Deutschen Nationalbibliografie; detaillierte bibliografische Daten
sind im Internet über http://dnb.ddb.de abrufbar.

2. Auflage 2006

Umschlaggestaltung:
ansichtsache – Büro für Gestaltung, Berlin
Satz: Verlag Die Werkstatt, Göttingen
Druck und Bindung: Tiskarna Ljubljana, Slowenien

„Kennen kann man nur, was man gehegt hat", sagte der Fuchs. „Doch den Menschen fehlt die Zeit zum Kennenlernen. Sie kaufen nur noch Fertigware. Da man aber in den Geschäften keine Freunde kaufen kann, haben die Leute keine Freunde mehr. Wenn du einen Freund haben willst, mußt du mich hegen!"

„Die deiner Rose geschenkte Zeit ist es, die deine Rose so wertvoll macht. Diese Weisheit haben die Menschen vergessen", sagte der Fuchs.
„Du aber darfst sie nicht vergessen. Für das, was du gehegt hast, bist du dein Leben lang verantwortlich. Du bist verantwortlich für deine Rose ..."

Antoine de Saint-Exupéry, Der kleine Prinz

INHALT

ERSTES KAPITEL

Tiruvannamalai

Sie hieß mit vollem Namen Frau Minou Wildling, geborene Pusch-i-kin. Ti-Puss war ihr Kosename.

Elegante Damen fanden sie zu mager und häßlich.

Intelligente Menschen bemerkten nachdenklich, ihre feurigen Augen wären bezaubernd.

Tierliebhaber riefen sogleich: „Was für ein wundervolles Geschöpf!"

Eine Freundin von mir ging so weit, zu einem gemeinsamen Bekannten zu sagen: „Ellas Katze? Das ist gar keine Katze, sie ist ja erzogen wie ein Hund!"

Wenn die Höflichkeit mich zwang, über sie zu sprechen, murmelte ich nur bescheiden, der Charakter sei ausschlaggebend. Nie versuchte ich, jemand zu überzeugen, daß Ti-Puss das Urbild des Katzenwesens sei – Leidenschaft, Geschmeidigkeit und Schönheit in allen Stimmungen.

Sie badete im Ganges und reiste durch ganz Südindien. Sie kam zum Maharischi, dem großen Seher und Weisen von Tiruvannamalai; er streichelte ihren Kopf, als sie neugierig das Lager beschnupperte, auf dem er den ganzen Tag nackt saß. Sie war auch beim Meister von Trivandram zu Besuch, der mit ihr Ball spielte. Welch seltenes Schicksal für eine Katze! ...

Aber ich will mit dem Anfang beginnen: In einem Schrank säugte eine getigerte Katzenmutter drei Junge. Zwei waren teilweise weiß; das dritte Kätzchen, das lebhafteste, hatte Pantherabzeichen in einem dünnen grauen Fell. Es erinnerte mich an unsere Katze daheim bei Genf, ein reizendes Tier, das uns immer am Bahnhof abholte, wenn wir nach Hause kamen, und an stürmischen Nachmittagen auf dem glatten Kies am See-Ufer kauerte, um flammenschnell die kleinen Sardinen zu erhaschen, die leichtsinnig aus dem klaren Wasser aufschossen. Wenn wir sie im Ruderboot mitnahmen und das Ufer allzu weit entschwand, wurde ihr ein wenig unbehaglich zumute, und sie sprang über Bord. Dann paddelte das kleine Geschöpf mit allen vieren über die Bucht, Schnurrhaare, Nase und Ohren aus dem Wasser streckend, den Schwanz aufgerichtet wie ein Periskop; so setzte das mutige Tier seinen Willen durch.

Aber in der trockenen Hitze Südindiens, wo ich ein Kätzchen auswählte, war ich weit fort von der Kühle dieses blauen Sees.

Sujata brachte uns zusammen, Sujata, die stille Französin, die mit einem Inder verheiratet war.

Ich fühlte mich einsam und hätte deshalb gern ein Tier um mich gehabt. Ich war nach Tiruvannamalai gekommen, um in der Nähe eines Lehrers zu sein, der das Wesen der Hindu-Weisheit verkörperte. Ein Kurs für Anfänger wäre am besten für mich gewesen; statt dessen schlug ich mich mit dem Vedanta, dem „Ziel des Veda", herum und lauschte sogleich den höchsten metaphysischen Lehren. Außerdem hatte ich gerade unter viel Plackerei mein drittes Buch über meine Reisen in Innerasien beendet, und mein Gemüt verlangte als Belohnung ein lebendiges Spielzeug, das ich liebkosen könnte, wenn ich die Wirklichkeit aus meinen Sorgen und vorgefaßten Ansichten verbannen wollte. Ich wollte wieder lächeln!

Mein Wunsch muß tatsächlich stark gewesen sein: Binnen einer Woche wurde er erfüllt! So erkläre ich es

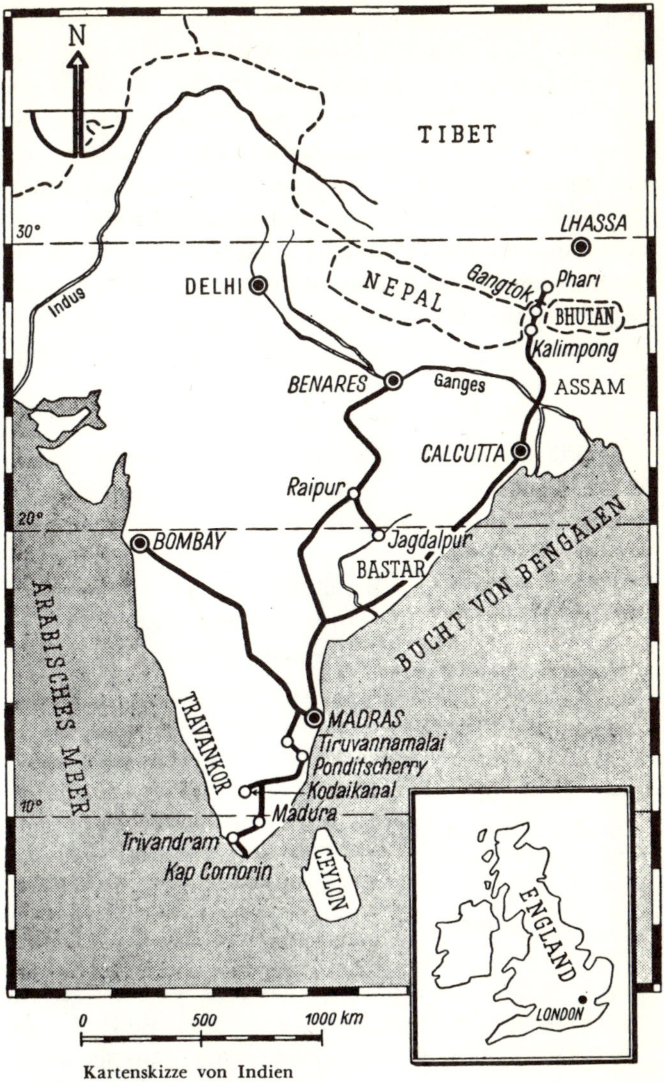

Kartenskizze von Indien
mit der Reiseroute (–) der Verfasserin

mir, daß Sujata ihre Meditation unterbrach und mich leise fragte: „Möchtest du ein Kätzchen haben?" Schnell antwortete ich: „Ja."

Unter vielen Hindus saßen wir mit untergeschlagenen Beinen auf dem Fliesenboden und blickten stumm auf den Weisen, die Frauen an der Wand beim Eingang, die Männer in der Mitte des langen Raumes. Ich sollte wieder eine Katze haben! Ich mußte für das kleine Ding eine Kiste beschaffen, auch eine Sandpfanne. O weh! Mein Versuch, über ein bestimmtes Thema nachzusinnen, war gescheitert. Ein kleines Tier trat in mein Leben!

Damals ahnte ich nicht, welch starkes Gefühl uns verbinden sollte, was für Tribute wir einander entrichten würden und was für tiefe Gedanken dieses Tier in mir auslösen sollte.

Narajan, Sujatas dunkelhäutiger Koch, klopfte an meine Türe, die aus zwei Brettern mit einem Vorhängeschloß bestand und zu der man in dem kleinen indischen Hause über zwölf Stufen gelangte. „Die Mutterkatze hat keine Milch mehr bei diesem heißen Wetter; deshalb bringe ich Ihnen das Kätzchen, obwohl es kaum noch laufen kann."

„Gut, halte es fest, bis ich mit Sand zurückkomme!"

Als das dunkelgefleckte, grauseidene Würstchen behutsam auf den Fliesenboden gesetzt wurde, versuchte es umherzulaufen. Es vermochte sein Gleichgewicht nicht zu halten, da die zitternden Beine es nicht trugen, nicht etwa aus Angst, sondern weil es noch so klein war. Seine Reise zu mir war ja kurz und leicht gewesen! Narajan hatte nur die breite Straße an der westlichen Mauer des wuchtigen Tempels benutzt, die am

Fuße des Arunatschala emporsteigt, des pyramidenförmigen heiligen Berges, der aus Felsgestein und zerzaustem Gebüsch besteht. Sujata wohnte in der Straße der Brahmanen an der Nordseite des Tempels, ich selbst in der bescheideneren Straße der Tanzmädchen an der Südseite des gleichen großen Tempels.

Das Kätzchen zitterte; dies waren wohl seine ersten Entdeckungsschritte auf indischem Boden. Es war ein häßliches Geschöpf; die Ohren, über denen ein Büschel dunkler Haare stand, waren viel zu groß, das Fell zu armselig, und die schlaffe rosa Hauttasche, die das Bäuchlein vorstellte, schleifte beinahe über die roten Fliesen.

Narajan war gegangen. Ich eilte hinunter und erklärte meiner Wirtin, die nur Tamil sprach, mit Gesten, warum ein Mann mein Zimmer betreten hatte. Ich wollte ihr Anstandsgefühl nicht verletzen, zumal meine westliche Lebensweise in ihren Augen ohnehin reichlich anstößig war.

Wieder in meinem Zimmer, stellte ich eine Untertasse voll Milch vor das Kätzchen, das sogleich den Fuß hineinsetzte.

Dann steckte es die Nase in die weiße Flüssigkeit und nieste. Es erneuerte den Angriff, jedesmal die Entfernung besser berechnend. Das Schwänzchen war steil aufgerichtet, während das kleine Tier in ungeschickten Schlucken trank.

Geistesabwesend beobachtete ich diesen Vorgang, der bei allen Kätzchen gleich ist. Ob das Tier wohl meinen Mangel an Begeisterung spürte? Es unternahm schnell drei Dinge, wodurch es sich mein Herz gewann.

Es schnüffelte an der sauberen Sandpfanne, betrat die Arena, hockte sich nieder und verrichtete bedächtig sein Geschäftchen. Darüber freute ich mich besonders; denn ich hatte keine Dienerin, die mir im Falle schlechten Betragens der Katze den Boden gesäubert hätte; ich war meine eigene Putzfrau, da mir mein kastenloser Stand diese Geldersparnis erlaubte. Ich besaß einen Handbesen aus grobem Heu und sammelte den zusammengekehrten Staub zwischen zwei Postkarten – die Schweizer Ansichtskarten sind steif und eignen sich für diesen Zweck am besten.

Das zweite Unternehmen: Sein Lager bestand aus einer Schachtel, die mit einem alten Seidenhemd gepolstert war. Das Kätzchen kletterte über den nachgebenden Rand, fiel hinein, setzte sich auf, blickte sich verständnisvoll um – und sprang plötzlich heraus! Entzückt über die Entdeckung, daß es die Kletterei über die schwankende Wand vermeiden konnte, wiederholte es die Heldentat, bezwang das Hindernis nochmals durch einen Sprung und kehrte so in sein Nest zurück.

Doch wieder kam es heraus, diesmal, um mich, diese stille Erscheinung, zu ergründen. Ich saß in dem Liegestuhl, den Sujata mir gegeben hatte, als sie erfuhr, daß ich mir ein solches Möbelstück aus dem weit entfernten Madras kommen lassen wollte. Sonst verfügte ich nur über zwei Seifenkisten, die als Tische dienten. Nach fruchtlosen Versuchen, an meinem Kattun-Hosenbein emporzuklettern, entschied das Kätzchen, daß das Hinterbein des Liegestuhls mehr Erfolg verhieß. Ein paarmal mißlang das dritte Unternehmen; dann gelangte es hoch genug, um sich am Stoff des Sitzes anzukrallen, und es landete in meinem Schoß. Ein tiefes Schnurren war sein Triumphgesang.

Rani, die dreijährige Enkelin meiner stillen Wirtin, hatte ein kränkliches Kätzchen besessen, das durch allzuviel liebevolles Drücken zugrunde gegangen war. Dieses Kätzchen hatte die Gewohnheit gehabt, sich zu mir zu flüchten. Drei lange Besuche waren notwendig gewesen, um es den gleichen Weg zu mir finden zu lassen, obwohl es doppelt so alt gewesen war wie meine neue Gefährtin. Auf französisch sprach ich nun zum erstenmal zärtlich zu meinem Kätzchen. „Brave petit pussy!" Das war der Ursprung seines Namens „Ti-Puss". Und von da an war Ti-Puss kein sächliches Wesen mehr für mich, sondern ein weibliches.

Ihre breiten Ohren bewegten sich unablässig, wie auf Drehscheiben montiert; wenn die Spitzen sich zu meinem Gesicht richteten, schien es, als könnte sie nichts sehen, ohne die Ohren zu benutzen. Sie wollte meine redenden Lippen berühren, streckte ihr allzu kurzes Pfötchen aus und erwiderte mein Lächeln, den in ihren Augen lauernden Ärger halb verschleiernd. Welch rascher Fortschritt, dachte ich erfreut, wir lächeln uns schon an ... Aber nein, das Kätzchen schlief ein!

Ich verbrachte meine Tage im Aschram, das heißt, in der Siedlung des Weisen etwa anderthalb Kilometer außerhalb der Stadt, und aß in seiner Nähe in einer großen Speisehalle zu Mittag. Dort badete ich auch täglich. Wenn ich abends heimkehrte, freute ich mich immer über den Willkommensgruß der ungeduldigen Ti-Puss, die hinter der Türe miaute und dann schnurrte, sowie ich sie berührte.

Wie spielten wir zusammen, welch hohe Sprünge vollführte sie und was für kühne Purzelbäume erfand sie, wenn sie einer Schnur nachjagte, die über den Boden zuckte oder an der Rückenlehne des Stuhles baumelte! Welche Versteckspiele, bei denen wir einander erschreckten und das Kätzchen den kurzen flaumigen Schwanz gerade aufgerichtet wie einen Weihnachtsbaum hielt! Was für heldenhafte Sprünge nach einem tanzenden Pingpongball! Aber ich konnte die Hände nie lange von ihr lassen. Es tat gut, den geschmeidigen Rücken zu fühlen, die weiße Kehle zu küssen, wo das warme Schnurren vibrierte, und den sauberen, milchgenährten Körper dieses kleinen Lebewesens zu riechen.

Sie beklagte sich, sobald wir getrennt waren. Wenn sie auf meiner Schulter saß, schnupperte sie oft an meinem kurzen Haar, suchte etwas und war enttäuscht, nachdem sie einen Versuch gemacht hatte, hinter meinem Ohr zu saugen. Während ich mir auf der Terrasse, wo ich auf die Straße spucken konnte, die Zähne putzte, kauerte sie auf meinem Fuß und knabberte an den Zehen, die die Sandale frei ließ.

Beim Schlafengehen spielte sich Tag für Tag folgendes ab: Ich brachte meine Sachen auf die kleine Terrasse hinaus, wo es kühler war als in dem unter dem Dach liegenden Zimmer, das die Hitze des Tages aufspeicherte. Dann bettete ich mich auf meinen Schlafsack, nachdem ich eine Decke in erreichbare Nähe gelegt hatte, um mich vor der Zugluft zu schützen, die in der falschen Dämmerung entsteht, vor der Zugluft der bleifarbenen Stunde, in der Scharen von Krähen angstvoll krächzend vor dem kommenden Tage fliehen. Diese weiche Decke bestand aus brauner Vigognewolle, einer weichen Wolle, die Ti-Puss in wildes Entzücken versetzte. Sie bepfotete sie und knetete sie mit rhythmischer Tatkraft, wobei sie beseligt die Augen schloß und sabberte. Diese Decke war das Geschenk

Tempel in Tiruvannamalai. Die den monumentalen Tonturm schmückenden Skulpturen stellen die Schöpfung dar.

eines mitleidigen Zuhörers, der mich bei einem vor langer Zeit in London gehaltenen Vortrag frieren gesehen hatte. Jeden Tag wollte ich sie retten; aber jeden Tag fehlte mir der Mut, mein mutterloses Kätzchen einer solchen Freude zu berauben.

Schließlich fiel sie erschöpft neben mir nieder; ihr Schnurren erstarb allmählich, während ich dem unablässigen Rauschen des nahen Pipalbaumes lauschte, der mich ein wenig an unsere große Pappel daheim erinnerte. Aber das ferne Tamtam der Hindutrommeln gemahnte daran, daß dies ein tropisches Land war, wo Beschwörungen die Götter am Leben erhalten.

Die Bettler wimmerten schon ihr „Lalà batschàri" auf ihrem Abendgang, als ich eines Tages später als gewöhnlich zurückkehrte. Ich nahm den Krug mit der von meinem Kätzchen ungeduldig erwarteten Milch von der Treppe und öffnete das Türschloß so schnell wie möglich. Ich hörte nicht das übliche „Mi-mi!", das mir sonst immer sagte, wie sehnsüchtig ich begehrt wurde. Das kleine Geschöpf war nicht in seiner Schachtel, auch nicht hinter den Büchern ... Ich zündete meine Petroleumlampe an, suchte überall und schaute sogar in meinem Reisesack nach.

Die dunkle Terrasse war ebenfalls leer – das Kätzchen konnte nämlich unter den Türenplanken durchschlüpfen. „Ti-Puss? Meine Ti-Puss, wo bist du? Komm zu mir! Bist du hinuntergefallen?" Ich erhielt keine Antwort.

Hatte ein umherstreifender Affe sie entführt, vielleicht der Frechdachs, der mit meiner Seife entronnen war? Hatte meine Wirtin auf der Terrasse Hirse getrocknet, und war Ti-Puss bei dieser Gelegenheit entwischt?

Die gute Frau wußte von nichts. Die kleine Rani, die neben ihrer Mutter auf einem zusammengelegten Sari schlief, stand sehr besorgt auf. Sie trug einen langen, weiten Rock; aber ihr Oberkörper war nackt. Ihre Haut, die nie schweißfeucht war, schimmerte violett in ihren braunen Schattierungen. Sie kam mit mir, um Ti-Puss zu suchen.

Von Natur pessimistisch, war ich auf das Schlimmste gefaßt. Wir gingen sofort zu der kleinen Gasse hinter unserem Hause, in der Hoffnung, daß ein Loch der geduldigen grauen Pelzkugel Schutz gewähren würde. Nichts war zu sehen außer der viereckigen Spalte, durch die der Straßenkehrer die Latrinen reinigte. Ich nahm Rani bei der Hand, als wir an einem grunzenden Schwein vorbei mußten. Wir kehrten zu der sehr breiten Weststraße am Fuß meiner Terrasse zurück. Unser Haus hatte drei Seiten, da es das letzte in der Straße war. Und dort, o Freude, versteckte sich das Kätzchen fast unsichtbar an der Türe unseres kleinen Stalles.

Ti-Puss wurde erst ruhig, als sie sich auf der weichen Vigognedecke befand. Sie war vermutlich von der Dachrinne gefallen, als sie den Kopf geschüttelt hatte; sogar auf dem Fußboden verlor sie immer das Gleichgewicht, wenn sie diese Bewegung machte. Nach dem Tauchen schüttelt sich ein Schwimmer auf dieselbe Weise, um das Wasser aus den Ohren zu bekommen. Vielleicht stimmte etwas mit ihren Ohren nicht?

Ich freute mich, das kleine Herz wieder neben mir klopfen zu fühlen; aber während der Suche war mir in meiner Angst, ein streunender Hund hätte ihr den Garaus gemacht, der Gedanke durch den Kopf gezuckt: „Früher oder später muß ich die Katze verlieren. Die Lehre sagt: Man wird dort getroffen, wo man am stärksten gebunden ist. Beschränkte oder blinde Liebe verhindert unser Wachsen ins Grenzenlose."

Dieses ungewöhnliche Kätzchen erweckte von neuem meine Zärtlichkeit, und während ich mit ihm spielte und es tröstete, vernahm ich belustigt die vollen, warmen Töne, die meine Stimme ganz veränderten. Aus früheren Erfahrungen wußte ich, was das bedeutete: Bald würde ich wegen der kleinen Hexe alle Vernunft verlieren und ihr damit lästig werden. Konnte ich denn nicht einmal klüger sein?

Voraussichtlich würden wir jahrelang zusammen leben. War es nicht vielleicht möglich, diesmal ausgeglichener zu sein, wenn ich mich bemühte, sie zu verstehen, sie zu achten und sie auf die richtige Weise zu lieben, indem ich sie sie selbst bleiben ließ? Wäre das zuviel verlangt nur um eines Tieres willen? Ganz und gar nicht, der Versuch lohnte sich, wenn wir als Ergebnis allmählich eine vollkommene Beziehung erreichten! Ach, eine traurige Zeit sollte kommen, in der ich diesen weisen Vorsatz vergaß.

ZWEITES KAPITEL

Erster Spaziergang

Fünf Wochen war sie alt. Ihr Körper hatte sich gestreckt; sie konnte schon neue abgerundete Stellungen einnehmen und sich die Schenkel lecken. Doch es gab noch etwas Lustigeres, das uralte Spiel des Schwanzjagens! Jedes andere Spielzeug hatte seinen Reiz verloren, seit sie die verlockende flaumige Quaste entdeckt hatte, die so schwer mit den zarten, elastischen Ballen ihrer Pfötchen zu beherrschen war. Was den Spieltrieb betrifft, so ist die Katze ja daraus gemacht!

Täglich veränderte sich das Kätzchen. Das Gesicht, nun nicht mehr viereckig, wurde dreieckig, bestimmt von den zwei Spitzen der Ohren und der zugespitzten Schnauze. Die runden Augen mit dem äußerst erstaunten Ausdruck eines Clowns wurden groß und oval und verliefen in dunklen Winkeln; auch die Krallen wuchsen zu scharfen Dornen, die sich manchmal schwer abschütteln ließen.

Ihr erster Sprung durch die Luft war falsch berechnet: Sie landete ungeschickt vor der Kiste und schaute mich an, ohne den Kopf zu heben; die halbe Pupille wurde vom oberen Lid verborgen. Es war ein trauriger Blick gekränkter Unschuld. Ich lachte laut! Sie kehrte mir den Rücken zu und saß tiefverletzt da. Ich mußte sie auf den Arm nehmen und sie liebkosen, bis sie, mir verzeihend, schnurrte und sich den hellen Bauch streicheln ließ, der bezaubernd war – so rosa, zart, babyhaft, warm von Leben und so dünn bedeckt mit glänzendem Flaum, daß er eher wie ein Blütenblatt als ein Tierfell war.

Als ich sie eines Morgens verlassen wollte, klang ihr Miauen so rührend, daß ich beschloß, sie auf dem Arm mitzunehmen. An diesem Tage war der Weg, den ich so gut kannte, ganz anders; ich betrachtete ihn durch die staunenden Augen des Kätzchens, und mit seiner Hilfe sollte ich allmählich die Wohltat eines anderen Weltbildes erleben. Da war das rätselhafte Gewölbe des steten, jedoch sich bewegenden Schirmes, der mich vor der sengenden Sonne schützte ... das Rumpeln der Ochsenkarren, die zu Markte fuhren ... das Geschrei der Straßenjungen, die sich täglich einen Sport daraus machten, mir „Ellakaka, Ellakaka!" zuzurufen. Der Schirm verbarg meine Verlegenheit, während ich mich fragte, woher sie wohl meinen Namen wußten. Die Furcht war stärker als die Neugier, und Ti-Puss verkroch sich in meine Bluse. Bisweilen wies ein Vorübergehender die Kinder zur Ruhe, aber erfolglos. Wie beneidete ich sie um ihren nackten Oberkörper, dessen Schweiß vom sanften Wind weggefächelt wurde.

Später erfuhr ich, daß ihr Singsang „Vellakaran" hieß, und dieser Ausdruck bedeutet in der Tamilsprache „weißer Mensch".

Hinter der letzten strohgedeckten Hütte beäugte Ti-Puss die skelettmageren Hunde, die in der öden Gegend Abfälle suchten. Ein Geräusch erschreckte sie, und sie konnte nicht sehen, daß es meine Sandalen waren, die gegen die nackten Fersen schlugen, wenn ich sie vom Staub der Straße hob.

Wieder mutig geworden, schnüffelte das Kätzchen zu der Zisterne hinüber, wo Ochsen gewaschen wurden. Aber es wurde von neuem unruhig, als wir in die Landstraße einbogen, die raunende Tamarinden säumten. Schwitzende Kulis trugen Lasten auf dem Kopf; ihr Gang war ein federnder Trab. Bäuerinnen, die in Rot gehüllt waren, plapperten wie tolle Papageien, während sie im Schatten eines Mantapam ausruhten, einer dreiseitigen, aus festem Stein erbauten Halle, in der die Sänfte der Tempelgottheit abgestellt werden kann, wenn die Prozession rings um den Berg zieht.

Dann vernahmen wir rhythmisches Plätschern: Auf den dunklen Stufen eines steinernen Beckens klopften Männer die weißen Tücher aus, in denen sie gebadet hatten. Einer von ihnen richtete sich auf, und die beiden parallelen Muskeln seines dünnen Rückens schimmerten samten, indes er sein langes Haar zu einem festen Nackenknoten schlang.

Wie gewöhnlich begleiteten mich einige Bettler mit ihrem gedehnten Singsang; aber sie blieben stehen, als sie mich ganz mit etwas beschäftigt sahen, das einem grauen Eichhörnchen glich. Ich sprach mit dem Tier: „Meine Ti-Puss, hab keine Angst, ich bin an deiner Seite! Sie können dich nicht fortnehmen!"

Die ganze Zeit waren wir am Fuße des Berges gegangen, der rechts von uns lag. Als wir uns nun dem Aschram näherten, überholte uns ein Staubwirbel, der so heftig vorbeifuhr, daß ich den Kopf des Kätzchens mit der Hand abschirmte. Ich rannte zu der Hütte des Gärtners Kuppuswami und rettete mich hinein. Kuppus englischer Herr hatte die beiden Schwestern meiner Ti-Puss übernommen, und ich bat Kuppu, mein Kätzchen in den Stunden zu hüten, die ich bei dem Weisen auf der anderen Straßenseite verbringen würde. Als ich Ti-Puss verließ, war sie ins Spiel mit einer Erdnuß versunken.

Diesem ersten Ausflug folgten viele andere als

Übung für unsere zukünftige Reise. Ich hatte beschlossen, sie in den zwei Monaten, die ich in den Palney-Bergen verleben wollte, nicht bei Fremden zu lassen. In der vorigen heißen Jahreszeit hatte ich mich elend durch Tiruvannamalai geschleppt, nicht vorhandene Kühlung gesucht und mich wie ein Hund auf gepflasterte Durchgänge gelegt; ich hatte keine Lust, das noch einmal zu erleben.

Ihre Angst, eine bekannte Umgebung zu verlassen, verminderte sich von Mal zu Mal; doch die Heimkehr bedeutete für sie immer eine freudige Überraschung. Wie drückte sie die Wonne aus, wieder zu Hause zu sein! Zuallererst beschnüffelte sie, allem Hunger zum Trotz, ihr Spielzeug, erfand einen neuen Sprung nach der baumelnden Schnur und kam zu mir auf den Schoß, um hier ihre Vorderpfoten, halb Samt, halb Nadeln, zu dehnen. Dann stimmte sie ihre Lieblingsmelodie an, schnurrte Akkorde hervor und blieb dabei vollkommen im Takt mit den Pfoten. Aber die einzige Begleitmusik war mein Schmerzensgeschrei! Schnell setzte ich ihr Milchreis vor.

Am meisten liebte ich unsere Kletterei zum Swami in der Felsenhöhle, will sagen, zu einem Manne, der der Welt entsagt hatte, um sich der Religion zu widmen. Ich trug Ti-Puss dann nur über die Straße, worauf sie ihren üblichen Freudengalopp machte, unterbrochen von Angstanfällen oder irrsinnigen Versuchen, mit angelegten Ohren, aufgerissenen Augen und steilem Eichhörnchenschwanz den nächsten Baum zu erklimmen. Nach der zwanzigminütigen Wanderung bot der Swami, ein lächelnder Eremit, dem keuchenden Kätzchen immer Wasser an, das es zuerst verschmähte, doch dann sehr anmutig mit der Zunge aufschleckte. In der kleinen Höhle beschnüffelte mein neugieriges Kätzchen sein Lager, eine natürliche Pritsche aus blankem Granit. Damit ist nicht gemeint, daß der Swami ein Asket war; im heißen Klima schlafen die meisten Leute auf Steinboden, sie legen nur eine Strohmatte oder ein zusammengefaltetes Tuch darauf.

Sie folgte uns zu dem knorrigen, zwischen zwei Felsen emporwachsenden Baum, in dessen Schatten wir mit untergeschlagenen Beinen saßen. Wir blickten nach dem fernen östlichen Horizont hinter dem rechteckigen Tempel zu unseren Füßen, von dem wir drei große ineinander geschachtelte Mauer-Einfriedungen sahen. In der Mitte aller zwölf Mauern erhob sich ein stolzer Gopuram, eine hohe Pyramide, die mit Skulpturen tausender Götter bedeckt war. Beim Bahnhof hinter den letzten Häusern erstreckte sich öde und müde die indische Ebene; ausgedehnte graue und braune Flecken deuteten taube Erde und verbranntes Buschwerk an. Da und dort glitzerte ein seichter Tümpel inmitten einer grünen Aureole von Feldern, die das schlammige Wasser am Leben erhielt. Ganz fern am Rande des Horizonts hoben sich scharf einige Berge ab, kegelförmig wie derjenige, auf dem wir saßen. Aber unser Berg, eine prächtige Masse brauner Felsen, der höchste und heiligste der drawidischen Ebene, stand allein, angebetet als Schiwa, die unveränderliche Achse der Welt. Von diesem Berg hieß es, er sei in einem früheren Zeitalter eine feurige Lichtpyramide gewesen, das Licht jenes unsterblichen Feuers, das entweder verzehrt oder durch Erleuchtung belebt. Lag es daran, daß dieser Ort von jeher als ein Bindeglied zwischen der geheimnisvollen Macht und uns verehrt worden war, daß er in seiner schlichten Majestät so eindrücklich wirkte? Hier war Land seit dem Beginn des Landes, als die Gipfel des Himalajas noch flach unter einem vorgeschichtlichen Ozean lagen.

Wir schwiegen, sowohl aus freier Wahl als auch gezwungenermaßen, da wir keine gemeinsame Sprache hatten. Der große Mann sah intelligent aus; doch seine frohe Heiterkeit war sogar noch anziehender. Es ist eine Freude, bei einem solchen Menschen zu sein und zu wissen, daß kein Wort gesprochen werden wird.

Er erhob sich, stieg ein paar Stufen hinunter, öffnete ein eisernes Gittertor und betrat den zweiten Felsen, ohne mich anzusehen. Ich folgte ihm, ebenfalls barfuß. Diese kühle, dunkle Höhle war eine Kapelle, deren zwei Seiten zu Altären ausgehauen waren. Ich bemerkte unbestimmte Götter- oder Heiligengestalten, fettig von zahllosen Opfergaben zerlassener Butter.

Auf dem bergseitigen Altar stand allein ein einfacher kegelförmiger Stein, ein Sinnbild Schiwas, des höchsten Prinzips. Drei parallele Querstreifen aus Kupfer schimmerten auf dem Stein als Symbol der Trimurti, der Dreieinigkeit, die von der Einheit übernommen wird, wenn das All da ist.

So versuchte ich meine Umgebung zu begreifen und erinnerte mich des Gehörten. Der Swami zelebrierte nun mit harmonischen Bewegungen; er schwenkte das Licht vor dem Altar, während er den Namen der höchsten Macht, Maheswara, wiederholte. Die drei glänzenden Kupferstreifen, die überwältigende Gegenwart des Berges hinter dem Altar und meine eigene Vorstellung von der Wirklichkeit verschmolzen im Leuchten des Verstehens, während eine große Freude meine Demut überflutete. Nun wußte ich, daß Gegenstände weniger wirklich sein können als das, was sie bedeuten. Ach, das Denken drängte sich wieder vor und versuchte zu erklären, was außerhalb seines Fassungsvermögens liegt: Ich war wiederum in meiner alten Haut. Obwohl nur kurz, es war ein bereicherndes und beruhigendes Gefühl, ein großes Erlebnis, für das ich keine Worte habe und worauf ich nicht vorbereitet war. Ich hatte die Stadt ja lediglich verlassen, um mit meiner Katze spazierenzugehen. Die Katze! Wo war sie?

Ich lief hinaus. „Ti-Puss! Komm!"

Da lag sie neben der Wasserschale. Das Licht war endlich milder, da der Sonnenuntergang nahte; eine Staub- und Rauchdecke dämpfte die Umrisse der Stadt.

Von Absatz zu Absatz stieg ich den Pfad hinab, glücklich, weil mir ein kleines Tier eifrig folgte und mit erhobenem Schwanz stumm abwärts sprang. Ti-Puss war ja noch so klein; wenn sie mich aus den Augen verlor, blieb sie stehen und rief um Hilfe.

Ich antwortete ihr geduldig mit harmlosen Worten, und wenn sie mich nicht sah, ließ ich mein Halstuch wie ein Stierkämpfer sein rotes Tuch flattern, bis sie darauf zueilte.

Aber einmal wurde der Abstand zwischen uns allzu groß. Als ich zu ihr zurückkehrte, tauchte ein Schaf auf, das den Weg zwischen uns kreuzen wollte. Um Gottes willen, das Kätzchen wird um sein Leben rennen!

Durchaus nicht. Von Neugier getrieben, näherte sich das Kätzchen vorsichtig, Hals und Nase dem Schaf entgegenstreckend, und das Schaf war sehr verwirrt und fragte sich langsam, ob es einem solchen Tier wohl schon einmal begegnet war!

Am Hang dieses großen Berges war ein derartiger

Unterschied zwischen der festen Masse schmutziger Wolle und meiner schmucken grauen Ti-Puss, daß ich gelacht hätte, wenn mich ihre Unerschrockenheit nicht so sehr gerührt hätte. Noch war kein Mißtrauen in sie gesät; sie liebte ihre Umgebung ganz einfach oder nicht; sie ahnte noch nicht, daß es Gefahr gibt, oder daß Menschen böse sein können. Ob sie Rauch, Wasser oder Feuer sah, sie näherte sich in der Überzeugung, ein neues Spielzeug vor sich zu haben. Kinder sind von demselben Vertrauen erfüllt, das ihnen aller Herzen gewinnt. Ach, könnte ein Wesen mit solch schlichter Anmut weiterleben, könnte ihm der Rückschlag seiner ersten Enttäuschung und das dadurch entstehende Gift des Argwohns erspart bleiben! Wie wäre es möglich, bei einer Katze oder einem Kind diese machtvolle Unschuld zu verlängern, diesen spontanen Zauber, diese Schönheit, die uns mit Staunen erfüllt? Wie kann man so tief sinken, in vertrauensvollen jungen Geschöpfen die erste Angst zu erregen? Die Welt gehört ihnen, da sie sich noch nicht abgesondert oder ihr entfremdet gefühlt haben ... Ihrer ist das Himmelreich!

Die Hitze nahm zu. Man fühlte sich halb erstickt, weil man es unwillkürlich vermied, diese Luft, die in der Sonne die doppelte Temperatur des eigenen Körpers hatte, tief einzuatmen. Der Staub war eine Plage, zumal bei Sonnenuntergang, wenn eine bleifarbene Sonne in einem Wirbel toten Laubes verschwand.

Ti-Puss lag keuchend am Boden und verschmähte ihren Reis. Ihr Fell wurde so dünn, daß die Halssehnen wie bei einem gerupften Vogel sichtbar waren. Der Flaum an ihrem Bäuchlein war fort, und die weiche

Haut war ganz nackt. Doch sie schnurrte immer noch, sooft ich sie berührte; hingegen spielte sie nicht mehr.

Ich ging zum Fleischmarkt, der von derben Muselmanen betrieben wurde. Kräftig und untersetzt sahen sie aus in diesem Lande der schlanken und geschmeidigen Hindus. Dort häufte sich dunkelrotes Fleisch auf den Gestellen, umsummt von Fliegenschwärmen. Wie kann man in den Tropen Fleisch essen? Mit etwas Leber, die in ein grünes, gummiartiges Blatt gewickelt war, eilte ich fort und hoffte, von keinem Aschram-Bewohner derartig befleckt gesehen worden zu sein! Das Kätzchen stürzte sich bereitwillig auf sein erstes Fleisch, fraß aber nur wenig davon.

Ich sagte mir, daß ich um der Katze willen in die Berge hinauf müßte, und ich lag Wiswanatha, meinem Freund unter den im Aschram lebenden Sadhus – ein Sadhu ist ein Wahrheitssucher, welcher der Welt entsagt hat –, in den Ohren, mir eine Wohnung in Kodaikanal zu verschaffen. Ich konnte mir nur einen Aufenthalt in dem indischen Dorf leisten, außerdem erst nach der ärgsten Hitze, wenn die Leute ins Tiefland zurückkehrten. Dann kostete ein Haus mit Wasserleitung im Monat fünfzehn Rupien statt fünfundzwanzig. Ein Brahmane, ein Freund von Wiswanatha, der dort lebte, wollte uns benachrichtigen, wenn ein Haus frei wurde.

Abends träumte ich von Kodai, während ich mir auf dem Petroleumkocher, der mich auf meiner letzten Reise von Genf nach Kabul begleitet hatte, eine Suppe kochte.

"Ti-Puss, ist es zu glauben? Wiswanatha sagt, daß es dort oben einen richtigen Tannenwald gibt ... und daß die würzige Luft beim Meditieren hilft, uns Geduld und Kraft für unsere tiefe Suche verleiht! Ti-Puss, du wirst Regen sehen, du kennst ihn ja noch nicht, du kennst bloß das Wasser aus meinem braunen irdenen Krug. Aber im Juni erreicht der Westmonsun aus Afrika das Kodai-Gebirge. Dort soll es auch Rahm geben und Himbeeren. Armes, schwaches Kätzchen! Ich verspreche dir einen Holzklotz statt einer Seifenkiste, an dem du deine Krallen schärfen kannst!"

Die Affen wurden bösartig und stritten sich in den großen Pipalbäumen auf der anderen Straßenseite. Sie kletterten auf meine Terrasse, wenn sie ihre Runde über die Dächer der Stadt antraten. Mit vorwurfsvollen Augen, die unter runden, unbehaarten Lidern saßen, schauten sie immer wütend in mein Zimmer, stahlen einmal eine Banane, ein andermal eine Tube Zahnpasta (die ich dann halb ausgequetscht auf dem Nachbarbalkon wiederfand). Die Ankunft dieser Akrobaten ließ Ti-Puss bei mir Schutz suchen.

Unter meiner Terrasse gab es eine städtische Wasserleitung; aber je unergiebiger sie mit jedem Tage wurde, um so mehr verlängerte sich die Schlange der wartenden Frauen. Ich wartete ungern, bis ich an die Reihe kam. Die jungen Mädchen, die in einen langen, weiten Rock gehüllt waren, trugen ihren großen kupfernen Behälter auf der vorgeschobenen Hüfte, die viel zu zart erschien für ein solches Gewicht. Ich setzte mir den runden Krug immer auf die Schulter; das hatte ich mir vor langer Zeit am Mittelmeer angewöhnt.

Abends kauerte ich mich, erschöpft von der Hitze, hinter die schützende Brüstung der Terrasse und spülte mich reichlich ab, während Ti-Puss verwundert die Bäche rinnenden Wassers betrachtete. Ich lächelte über das Köpfchen, das sich so sehr bemühte, zu begreifen, was Wasser ist – im einen Augenblick eine regungslose Masse, im nächsten eine bewegte, sprühende Flüssigkeit ...

DRITTES KAPITEL

Erste Reise

Wir stiegen in ein Frauenabteil dritter Klasse, das durch ein kleines, grob auf die Scheibe gemaltes Bild einer Inderin gekennzeichnet war.

Seit zwei Jahren reiste ich billig, nicht nur aus Sparsamkeit, sondern weil ich auch die rings um mich wimmelnden Menschen beobachten wollte, zumal sich mir sonst wenig Gelegenheit bot, mit dem Volk in Berührung zu kommen. Obwohl wir nicht miteinander sprechen konnten, waren die Mitreisenden freundlich. In den höheren Wagenklassen wurde ich von weißen Frauen, die mich nicht unterbringen konnten, argwöhnisch gemustert – von den Gattinnen der Missionare, der anglo-indischen Bahnbeamten, der Fabrikdirektoren, der Staatsbeamten.

Schlank und leicht saß Ti-Puss in einem verknoteten Tuch, ohne sich zu rühren, da ihr Bäuchlein durch eine Abendmahlzeit aus rohem Fleisch voll und prall wie ein Gummiball war. Es herrschte schon Dunkelheit. Ich streckte mich auf der harten Bank aus und blieb regungslos liegen, damit die Katze sich sicher fühlte und bald einschlief, was sie auch prompt tat, nachdem sie sich an meiner Hüfte zusammengekuschelt und ein Weilchen höflich geschnurrt hatte.

Zwei dicke Brahmanen-Frauen in weißem Baumwollsari verstauten mir gegenüber ihre Bündel, Körbe und verschraubbaren Wasserkrüge aus dickem Kupfer. Bald zogen sie die bloßen Füße unter sich und begannen in schnellstem Tempo zu reden. Die Tamilsprache setzt sich aus harten Konsonanten, gehobenen Endvokalen und stark gerollten R zusammen; sie hört sich an wie „katarakie, raketie, tirtakrie ..."

Eine der Frauen war entschieden Witwe. Unter den Falten ihres Saris war das graue Haar geschoren. Beide schienen es mir übelzunehmen, daß ich Hosen trug. Ich fand Hosen anständiger als ein europäisches Kleid, das mit seiner Kürze Anstoß erregte in einem Lande, wo die Frauen bis zu den Fesseln eingehüllt waren. Ich hatte es nämlich aufgegeben, einen Sari zu tragen, nicht nur weil er mir zu heiß war, sondern es schien mir auch viel zu mühsam und beschwerlich, jeden Tag acht Meter Stoff zu waschen und zu spülen.

Wir fuhren langsam durch die dunkle, unbewohnte Landschaft, bis wir nach Villipuram an der Hauptstrecke Madras – Madura gelangten.

Der Schnellzug mußte hier mit tatkräftiger, ja verzweifelter Entschiedenheit gestürmt werden, da er bekanntlich von Madras an stets überfüllt war. Sogar die wenigen Fahrgäste der ersten Klasse, die sich in Villipuram Plätze besorgt hatten, mußten darum streiten oder gar kämpfen. Sehr nervöse Reisende zogen es vor, einen Tag früher nach Madras zu fahren, um an Ort und Stelle zu sein, wenn der Zug zusammengesetzt wurde. In Rußland hat man eine andere Methode zur Bewältigung allzu großer Massen von Reisenden; dort gibt man nur so viele Fahrkarten aus, wie leere Sitzplätze im ankommenden Zug vorhanden sind. Die Folge ist natürlich, daß es in den Bahnhöfen von Reisenden wimmelt, die auf die unbequemste Weise kampieren und warten, bis sie an die Reihe kommen.

Sehr viel hing vom Gepäckträger ab; wenn er sich nicht genügend sputete, lief man auch hier Gefahr, zwölf Stunden auf den nächsten Zug zu warten. Sowie der Schnellzug einfuhr, wies mein Kuli auf ein Abteil, das er „erträglich" fand. Mir kam es hoffnungslos überfüllt vor. Koffer, Liegestuhl, Bettzeugrolle, Schreibmaschine und einen mit Küchengeräten vollgestopften Petroleumkanister auf dem beturbanten Kopf balancierend, wand er sich durch die Menge auf dem Bahnsteig zu dem Abteil.

Als der Zug hielt, war der gefürchtete Augenblick gekommen, in dem man sich ungeachtet der Schreie, Tränen, Anrempelungen und Anrufung der Götter ringsum den Weg erzwingen mußte. Mein Körper zwängte sich Zentimeter um Zentimeter die Stufen hinauf, dann über Schachteln, Bündel, kleine Kinder, Körbe, Bettzeugrollen, bis ich mit meinem Kuli zusammentraf, der das Gepäck durchs Fenster geworfen hatte und auf gleiche Weise gefolgt war. Ich bezahlte den Mann; doch er verlangte mehr Geld, und so trugen meine Einwendungen und sein Gejammer noch zu dem unsinnigen Lärm bei.

Die Leute, die gestört worden waren, wollten ihre frühere Bequemlichkeit behalten! Es gelang mir, auf meinem aufgestellten Koffer Platz zu nehmen. Ich wischte mir das verschwitzte Gesicht und den Hals ab, und endlich konnte ich die Katze mit den erprobten Zauberworten beschwichtigen: „Liebe Ti-Puss, hab keine Angst. Bleib bei mir! Es wird dir nichts geschehen. Nein, nein, du kannst jetzt nicht hinaus, kleines Dummerle!"

Sie war genau wie die schreienden Kinder im Zug; sie haßte diese Welt, die erfüllt war von Gebrüll, Kämpfen, wütenden Gebärden ... sie wollte ihr um jeden Preis entrinnen. So ließ ich sie einen Blick auf das

Menschenchaos rings um uns tun. Entsetzt rollte sie die aufgerissenen Augen mit den vergrößerten Pupillen, legte die Ohren an und schnupperte nach den vielen neuen Gerüchen.

Ihre Nase sagte ihr, daß irgendwo gutes Futter verborgen war, besseres als die Zwiebackkrümel, die meine Hand ihr anbot. Ihre Neugier siegte, und sie miaute die Bitte, das Gewimmel erforschen zu dürfen.

Mütter wiesen auf ihr dreieckiges Köpfchen und sagten „Punakutti!" zu ihren Kindern, die vor Überraschung still wurden. Zwei wütende Männer mit dunkelbrauner Haut, schwarzem Schnurrbart über einem riesigen Mund, glänzendem Haarknoten im schmalen Nacken, feurigen Augen und weißem Tuch, das ihre harten Lenden gürtete, diese zwei Männer, die gerade nahe daran waren, sich in die Haare zu geraten, lachten einander ganz plötzlich an. Endlich konnte ich mich entspannen, und erschöpft nickte ich ein, bis steife Verkrampfung mich zwang, meine Stellung zu ändern.

Bei der nächsten Station drängten neue Fahrgäste herein, und die Menschenmasse wurde noch dichter. Den Rest der Nacht verbrachte ich eingeklemmt von drei über mir stehenden kräftigen Bäuerinnen, die in roten Kattun gehüllt waren, dessen rauhes Gewebe die Seidigkeit ihrer schokoladenbraunen Haut betonte und der vollkommenen Biegung ihrer starken Hüften folgte. Da sie kein Leibchen trugen, war die eine Schulter nackt; trotzdem waren sie sehr züchtig in ihrem eng gewundenen Sari. Die großen Münder redeten unaufhörlich. Frei von jeglicher Hemmung und Verlegenheit, verriet der Blick ihrer glänzenden kleinen Augen ihr gesundes Vollweibtum, das irgendwie mit der Tierwelt verwandt war. Für sie paßten die ziselierten Ohrringe nicht, die meine zierliche Nachbarin schmückten; in ihren zerdehnten Ohrläppchen, die größer geworden waren als das Ohr selbst, hingen am Ende eines großen Loches barbarische Würfel und Kugeln aus massivem Gold, aufs Geratewohl aneinander gereiht – war das für sie vielleicht die einzige Möglichkeit, ihre Ersparnisse aufzubewahren?

Der Tag brach an. Wenn wir fuhren, befächelte uns der staubige Wind, den unser Zug aufwirbelte. Bei jedem Halt legte sich die Hitze wie eine zweite Haut um mich, die unerträglich war; der Ärmel klebte an meinem verkrampften Arm, der die Katze hielt. Meine Mitreisenden tranken oft Wasser; sie gossen es sich geschickt aus einem Kupferbecher in die Kehle, der nie die speichelbefleckten Lippen berührte. Orangen konnten meinen Durst nicht mehr stillen. In Tritschinopoly hörte ich zu meiner Freude das Wort „Kaffee! Kaffee!“ längs dem Bahnsteig rufen. Da ich keiner Kaste angehörte, brauchte ich mich nicht darum zu kümmern, ob die Kaffeeverkäufer Brahmanen waren, und mein Becher mit dem lauwarmen Getränk wurde zusammen mit vier Anna Wechselgeld von Hand zu Hand weitergereicht.

Nachdem Ti-Puss ihre neue Umgebung betrachtet und ergründet hatte, schien sie sich an unseren südwärts ratternden, überfüllten Wagen gewöhnt zu haben; sie tat sich auf einem Bündel unter der Bank nieder. Doch ab und zu stieß sie Klagelaute aus und kratzte da und dort; sie wollte ihre Sandpfanne haben, und im Gegensatz zu einem kleinen Kind, das ich sah, paßte ihr der Fußboden des Zuges nicht. Als der Zug endlich wieder hielt, nahm ich sie auf und bahnte mir einen Weg zur nächsten Türe. Ich sprang auf einen Bahnsteig aus hartem Trümmergestein; auf der anderen Seite des Geleises erstreckte sich eine versengte Ebene.

Nirgends gab es ein Plätzchen, das dem Kätzchen zugesagt hätte, und der Zug fuhr nach zwei Minuten Aufenthalt weiter. Ich blieb bei der Türe, ungeduldig die nächste Station erwartend, und beneidete eine Mutter, der es gelang, ihr Kind zu dem übelriechenden Abort zu tragen. Trotz des langen Namens, der für viele südindische Ortschaften kennzeichnend ist, war die nächste Station klein und verlassen; aber neben den Schienen hatte der Wind eine Handvoll Sand zusammengeweht. Dorthin lief ich und setzte Ti-Puss mit allen vier Pfoten hinein, worauf sie tatkräftig zu scharren begann. Sie konnte unmöglich glücklicher sein als ich, als dieses Problem gelöst war! Hatte der Schaffner mich gesehen, und würde er im richtigen Augenblick pfeifen? Hoffentlich sprang das Kätzchen nicht in einem Freudenanfall auf die andere Seite des Geleises! Was sollte ich tun, wenn der Zug dann abfuhr? Das Kätzchen seinem Schicksal überlassen? Beobachteten die Mitreisenden wohl die Fremde, die in Gefahr war, ihr Kätzchen zu verlieren? Ein solches Wagnis wollte ich nicht wieder eingehen; ich mußte mir ein Geschirr für meine kleine Begleiterin anschaffen. Dabei mußte ich über mich selbst lachen, wie ich da angstvoll auf dem Bahnsteig stand, bereit, mich beim ersten Pfiff auf meine Katze zu stürzen.

Wieder im Abteil, stellte ich fest, daß es meinen Reisegefährtinnen geglückt war, ein verspätetes Frühstück auszupacken: Auf einem großen Bananenblatt lag öliger roter Pfeffer, in den sie ihre weißen Reiskuchen tauchten. Sogar den kleinen Kindern wurde diese scharfgewürzte Nahrung in den Mund gestopft.

Inzwischen hatte ich das Gefühl, in einer gutmütigen Menge zu sein, die gegen Ausländer keineswegs feindselig eingestellt war. Natürlich sahen die beiden Brahmanen-Frauen darauf, nicht von Leuten einer niedrigen Kaste berührt zu werden; doch das geschah auf unpersönliche Weise, die zu sagen schien: „Ich bin dazu erzogen worden, mich möglichst für mich zu halten! Aber auf der Fahrt in der dritten Klasse mischt sich alles."

Ich glaube, daß die Eisenbahnbenützer in China und Rußland ebenso zusammengepfercht sitzen; aber dort gibt es keine Kasten.

Ich schenkte meinem Kätzchen mehr Aufmerksamkeit als die indischen Mütter ihren Kindern. Sehr oft gab mir Ti-Puss zu verstehen, daß die Reise ihr mißfiel! Ich kraulte ihre seidige Wange, sprach ihr zu und zeigte ihr, daß wir immer noch durch eine glühende, wenig einladende Ebene fuhren.

Die indischen Kinder bleiben sich selbst überlassen; sie leben in ihrer eigenen Stille, und niemand entreißt sie ihrer vegetativen Beschaulichkeit, um ihre Neugier zu bilden. Manchmal zeigen sie eine leichte Reaktion, die dartut, daß eine Einzelheit ihrer Umgebung in ihre Unbegrenztheit eingedrungen ist; aber ihr Blick wendet sich selten nach außen, die Welt der Namen und Gestalten zu erfassen. Mit gleicher Leichtigkeit kann das Wahrnehmungsvermögen der Katze abwechselnd nach außen oder innen gerichtet werden.

Meine beiden Nachbarinnen, die dicken Brahmanen-Frauen, wurden von einer lebhaften dreiköpfigen Familie ersetzt, die selbstgesponnene Kleidung trug, einem munteren Großvater, dessen Kopf bis auf den überlieferten grauen Knoten kahl geschoren war, seiner Tochter und seinem Enkel. Ihre braune Haut, die durch das weiße Gewand noch betont wurde, glänzte vor Sauberkeit; ihre Augen blickten unverhohlen neugierig, während sie über mich und das Kätzchen sprachen. Nach einer Weile erzählte mir der Alte, der Arzt war, auf englisch, daß viele arme Tamilen, die jetzt durch das Land reisten, Flüchtlinge aus Ceylon waren, wo Reisknappheit herrschte. (Weil die Tamilen billige Arbeitskräfte stellen, sind sie bei den Singalesen sehr unbeliebt.) Danach mußte ich seine Fragen beantworten, und ich erwähnte meinen zweijährigen Aufenthalt bei Schri Ramana, dem Maharischi oder großen Seher. Sie machten ein erstauntes, sogar verwirrtes Gesicht; sie waren Christen (wodurch sich ihre ganz und gar nicht hindumäßigen neugierigen Blicke erklärten), und auf ihre weiteren Fragen erwiderte ich, daß ich, da mich das Christentum in Europa nicht befriedigt hätte, in Indien etwas anderes zu finden hoffte.

Die Tochter wünschte mir Glück, während der alte Mann aus der Bhagavad Gita zitierte: „Wer alles, was er tut, in Meinem Namen vollbringt, wer Mich als das Ziel seines höchsten Strebens erkennt, wer frei von Begierde und ohne irgendein Wesen zu hassen Mich allein anbetet, der, o Ardschuna, kommt zu Mir."

Nun war ich an der Reihe, erstaunt zu sein, da ich die Worte Schri Krischnas hörte. Ich fragte ihn nicht, ob er auch das Evangelium auswendig könne. „Ich habe immer eine Ausgabe der Gita bei mir", fügte er hinzu, „und unser Sohn kennt sie auch schon." Später bekannte er naiv: „Wir dachten, daß Sie für die britische Geheimpolizei arbeiten, weil Sie gar nicht wie eine Missionarin aussehen." Ob wohl jeder Inder, der mich erblickte, den gleichen Gedanken hegte, und war das vielleicht der Grund, daß man durch mich hindurchschaute, als ob ich gar nicht vorhanden wäre? Wahrscheinlich kommen nur wenige Ausländer nach Indien, um einfach die Inder kennenzulernen.

In Kodaikanal Road Junction landeten das Kätzchen und ich in einer anderen Welt; es war fast zwei Jahre her, seit ich so viele Weiße gesehen hatte. Ich mußte mich zusammennehmen, daß ich nicht dastand und mit offenem Munde glotzte! Wie sie schwitzten und sich den Hals abwischten ... Wie blaß ihre Kinder aussahen mit dem goldenen Haar, das in diesem Land der dunklen Menschen märchenhaft wirkte ... Wie übereifrig die Kulis waren, die mit europäischem Gepäck auf dem roten Turban herumliefen, anstatt mit den üblichen Blechkisten und Bündeln. Die weißen Frauen erteilten tatkräftig Befehle und kannten genau das Trinkgeld für die Gepäckträger; aber wie kurz waren ihre geblümten Kleider, wie weiß und rauh die Haut ihrer dicken Beine! Und wie erstaunlich, einen Bisampelz über dem Arm einer Dame mit Stöckelschuhen und zweireihiger Perlenkette zu sehen! Konnte es denn mitten in unserer heißen Halbinsel ein Klima dafür geben? Im Wartesaal, dessen Türen aus feinmaschigem Drahtnetz bestanden, blieb die Luft stickig trotz des großen Ventilators, der den Tanz kreiselnder Fliegen regelte. Eine müde aussehende Kinderfrau, deren blaue Schürze ihrer eurasischen Haut einen grauen Ton verlieh, hütete einige kleine Kinder. Sie lächelte mein nervöses Kätzchen an und sagte, sie habe in ihrem Haus auch drei Katzen. Dabei wies sie auf ein einsames Häuschen jenseits der Eisenbahnstrecke. (Niemals wäre ich auf den Gedanken gekommen, daß ich eines Tages mit heftig klopfendem Herzen dorthin gehen sollte!)

In dem kleinen Erfrischungsraum mißachtete Ti-Puss die Büchsenmilch, die mir zum Tee serviert wurde. Das Getränk kostete eine halbe Rupie, so viel wie ein ganzes indisches Essen.

Warum war ich auch den weißen Sahibs gefolgt, anstatt in das Dorfcafé zu gehen, wo es sicher frische Milch gab!

Auf dem Hof wurde der rote Autobus nach Kodaikanal mit dem Gepäck beladen. Ich sicherte mir einen Vordersitz, da ich die Übelkeit beim Rückwärtsfahren fürchtete. Das Kätzchen war ganz Ohr und nahm viele neue Geräusche auf, darunter die nasale Stimme einer Amerikanerin, die ihre Siebensachen zählte, Kisten, Frühstückskorb, Hutschachtel, Thermosflaschen, dazu einen Teddybären und das Dreirad ihres Söhnchens. Aber daneben saß in einem Taxi eine noch viel verwunderlichere Gruppe: Ein kleiner Mann mit grauem Ziegenbart trug einen schwarzen Anzug und einen weißen Tropenhelm. Seine sehr dicke Frau, die gleichfalls in Schwarz war, saß kerzengerade, zweifellos weil sie ein Korsett anhatte; unter einem schwarzen Hut war ein rundes, gepudertes Gesicht mit ulkiger Himmelfahrtsnase zu sehen. „Schau nur, Puss, wie lustig!“, flüsterte ich. „Das müssen Franzosen sein.“ Ihre Tochter kam zu ihnen, schlank und hübsch gewachsen; sie trug Shorts von einer Kürze, die nicht zu überbieten war … Wir sind doch nicht in Deauville, dachte ich, wie kann sie in einem solchen Aufzug reisen! Fühlt sie denn nicht die mißbilligenden Blicke der Inder wie

Brandwunden auf der nackten Haut? Ich fragte mich, ob ich wohl vor zwei Jahren, als ich noch nicht so lange unter Hindus gelebt hatte, ebenso entsetzt gewesen wäre. „Ti-Puss, alle diese Leute aus dem Westen kommen mir so fremd und absonderlich vor. Die Inder aber auch! Wir sind für uns allein, und ich bin so froh, dich zu haben", sagte ich ihr in das kitzlige Öhrchen.

Wie ein Moloch wirbelte unser großer Autobus den Staub des Dorfes auf, watete durch Kinder, Bettler, Hunde und Ochsenkarren, hupte so laut, daß das Kätzchen mit großen Augen und zurückgelegten Ohren fortspringen wollte und trotz meines beschwichtigenden Zuspruches miaute. Eifrig schaute ich nach dem Anzeichen eines Berges aus: Nur flache, braungelbe Erdnußfelder, die tot aussahen in diesem Lande ewigen Sommers.

Unser barfüßiger Chauffeur hielt den Autobus an, als wir seinem zurückkehrenden Kollegen begegneten. Auf beiden Seiten war der Karrenweg von Bäumen beschattet, die quietschende Affen beherbergten. Ich sprang hinunter und befreite das Kätzchen von dem Tuch, das seine Beine einhüllte, worauf es neugierig an der Wurzel einer Tamarinde schnupperte. Ein Mitreisender machte eine Bemerkung über seine Magerkeit und das armselige Fell. „Ja", sagte ich, „wir beide haben die Höhenluft nötig!" Bäuerinnen kamen in rotem Sari vorbei; sie trabten auf ihren drahtigen Beinen, und sie schwenkten die Hüften noch stärker, wenn sie auf dem steifen Kopf einen sehr schweren Korb trugen.

Weiter ging es. Den Kindern im Autobus war das laute Geratter und Gedröhn ebenso zuwider wie meinem Kätzchen. Mitten in einem übervölkerten Dorf hielten wir an einer Station, wo bettelnde blinde Kinder alle Wagen umringten. Wir mußten lange warten. Ungeduld hatte gar keinen Zweck. Danach war die Straße nicht mehr gerade, und wir gelangten zu einem mit niedrigen Büschen bewachsenen Hang. Das Getriebe kreischte beim Schalten, und die erbitterte Katze lehnte sich auf! Sehr bald lag die Ebene flach unter uns; außer einigen dunkelgrauen Flecken, die von staubigen Bäumen gebildet wurden, sah sie braun, trocken, ungeheuer groß aus.

Aber zur Freude unserer ermatteten Augen waren die überraschend dichten Lentana-Sträucher jetzt grün, bestirnt mit rötlichgelben Blütenbüscheln. Höher oben nahmen wir mit noch größerer Freude den Duft wilder Pflanzen wahr. Unter verschiedenen Luftströmungen tanzte er uns entgegen; er erinnerte an Minze und ließ an murmelnde Bäche mitten in dichtem feuchtem Moos denken.

Dann erreichten wir die Zone, die von der sengenden Hitze nie berührt wurde; hier flatterten Vögel und zwitscherten, im dichten Laub verborgen, ihre vielfachen Melodien. Ti-Puss' lauschte gebannt; eine neue Welt offenbarte sich ihr durch Anblick, Geruch, Laute ... Und jetzt gelangte wie mit Zauberschlag der kühle Sauerstoff, der aus der grünen Dämmerung des Urwalds drang, in die Tiefe unserer Lungen. Nachdem man monatelang den Atem zurückgehalten hatte, um so wenig wie möglich von der quälenden Hitze einzuatmen, konnte man der ersten Lebensnotwendigkeit nachkommen und die Lungen ausdehnen, die ihr erneuertes Leben wie prickelnden Champagner durch den ganzen Körper sandten. Eine Woche lang ein solches Gefühl, dann konnte man sicher fliegen! Meine Katze, die auf meinen Knien stand, die Vorderpfoten auf dem vibrierenden Instrumentenbrett des Autos, hatte nur die eine Sehnsucht, in dieses grüne Paradies zu springen.

Beim nächsten Halt ergötzte sich mein fünfter Sinn, der Geschmack. Bündel kupferfarbener Bananen, deren zartes Fleisch süßer als Honig war, wurden aus dem nahen Wald gebracht. Man konnte die Berggipfel sehen. Die langgestreckten Höhen waren grün, aber baumlos, da und dort unterbrochen von den glatten grauen Rippen festen Gesteins.

Der Motor wurde abgestellt, während man den Kühler nachfüllte. In der plötzlichen Stille kostete Ti-Puss mit geschlossenen Augen die erfrischende Luft. Im Graben glitzerte unter klarem fließendem Wasser sauberer Sand. O, die Bedeutung des Wortes „fließendes Wasser"! Rote Hibiskusblüten strahlten die Wollust des Geöffnetseins aus, und daneben schien die Bläue der Schlingpflanzen noch intensiveres Leben zu haben. Liegt es wohl auch in der Natur des Menschen und des Tieres, etwas Unkörperliches auszudrücken? fragte ich mich. Das Gefühl des Wohlseins überwältigte mich schier; so unvermittelt war es gekommen, daß es mir ein Wunder schien. Hatten mir wirklich die Kleider Tag und Nacht, wochen- und monatelang am Leibe geklebt? O, welche Freude, zu wissen, daß man glücklich ist, welche Wonne diese Dreifalt von Sein, Geist und Seligkeit!

Weiter und weiter brummte der rote Autobus wie eine große Hummel, vorbei an schattigen Wäldern und Ochsenkarren, die unter schweren Obstladungen knarrten. Der Wind wurde kälter, ein dichter Nebel verwandelte sich in Regen, in einen eisigen Monsunregen, der den Autobus wütend peitschte. Männer entfalteten ihren Regenmantel; Kinderfrauen hüllten ihre Schützlinge in eine Decke. Mich schauerte.

Tropfend vom Regenguß kroch der Autobus aus einer Schlucht in ein kleines sonniges Tal, das teilweise bewohnt war. Es war nur Schembegannur, wo ein Eukalyptuswald ein langes, dreistöckiges Gebäude, ein Jesuitenseminar, beherbergte. Wir kletterten aus dem herrlichen Wald und kreuzten, von einer Haarnadelkurve zur anderen ratternd, immer wieder den steilen Pfad, der seit fünfzig Jahren von halbnackten Kulis als einziger Zugang von Perjakulam benutzt wurde. Gegenüber dem Tal thronte über weiten rundhügeligen Moorstrecken der kegelförmige Gipfel des Perumal – „Die Heimat des Leoparden, der wie Ihre Katze gefleckt ist", sagte der Chauffeur.

Die Straße war nun geteert; einige Fahrgäste begannen ihr Gepäck zu ordnen; aber wir sahen kein Dorf, nur einen ummauerten Friedhof, eine Seltenheit in einer indischen Ortschaft. Nach einer Biegung schallte uns rhythmisches Klatschen entgegen. Wie die Katze ließ ich meinen Blick vom Gehör leiten: Bei einem Wasserfall klopften Wäscher die Kleidungsstücke auf flachen Steinen aus. Zuerst hatte der Friedhof uns daran erinnert, was mit unserem Fleischgewand geschieht; dann sahen wir, wie unsere Kleider gesäubert wurden; und eine katholische Kirche, die über uns auf einem Felsen errichtet war, bedeutete, daß die Seele in Vergebung gewaschen werden kann ... Kodaikanal kündigte sein Erscheinen auf sehr sprechende Weise an.

Häuser und Hütten aller Art verbargen sich auf beiden Seiten des niederstürzenden Wasserlaufs unter den Bäumen. „Association Hill!" rief der Chauffeur beim Halt an einer Kreuzung. Wir kletterten weiter hinauf. „Observatory Road" war die nächste Haltestelle beim Damm eines buchtenreichen Sees. Noch eine Kurve nahe einer englischen Kirche und einer Teppichhandlung, dann erreichten wir endlich die Endstation auf der Höhe der steilen Dorfstraße.

Ein junger Hindu, der einen Brief bei sich hatte, schaute nach mir aus. In dem Brief stand, daß sein Vater, Krischnaswami Ijer, gerade im Präsentationskloster Unterricht erteile und mich später aufsuchen werde. Ein Kuli trug mein Gepäck, während wir die Hauptstraße hinunterstiegen, die mit kleinen Läden und baufälligen Buden gesäumt war.

Als wir einem Fußweg über Brachland folgten, wurde die Katze von Schrecken erfaßt, so daß sie in ihrem Bündel zuckte: Grelles Kreischen ertönte aus einem öffentlichen Lautsprecher. Drunten gewahrte ich den Wald von Schembegannur, dahinter den schönen Gipfel des Perumal und in der Ferne rechts die im Hitzedunst flimmernde, graubraune weite Ebene Südindiens. Dies war für einige Wochen unsere Aussicht auf die Welt.

Wir gelangten zu einigen Reihen schäbiger Häuschen, die in der heißen Jahreszeit größtenteils an Inder vermietet wurden. Hier öffnete mein junger Führer ein Vorhängeschloß, und wir betraten mein Heim. Während das Kätzchen seinem Schwanz nachjagte, füllte ich seine Sandpfanne, da ich es nicht hinauslassen wollte, bevor es eine Nacht in seinem neuen Haus verbracht hatte.

Nachdem ich mein Bettzeug auf dem Tscharpoy ausgebreitet hatte, dem vierfüßigen indischen Bettgestell, bei dem Schnüre die Matratze ersetzen, nachdem ich ein paar Bücher auf das Fensterbrett und meinen Petroleumkocher auf eine Bank gestellt hatte, fühlte ich mich zu Hause. Ich war müde, aber glücklich, die kühle, stille Luft atmen zu können. Nach Wärme verlangend schnurrte Ti-Puss mit einwärts gebogenen Pfoten auf meinem Schoß, erfreut über meine Unbeweglichkeit. Dann und wann gab sie einen kleinen Laut von sich und fragte mich mit den Augen, die im Schein der Petroleumlampe funkelten. Ich kraulte sie am Kinn. „Möchtest du das? Bist du glücklich?" „Ja", sagte ein zartes Vibrieren ihrer Kehle, das sich bis zum Brustkorb fortsetzte, wo die Rippen sich im Pulsschlag ihrer Freude dehnten und zusammenzogen. Dies war ihr warmer kleiner Freudendynamo, der meine schönsten Augenblicke der kommenden Jahre begleiten sollte! Manchmal erweckte er in mir jenes Glücksgefühl, das seit Urbeginn in uns allen schlummert.

VIERTES KAPITEL

Kodaikanal

Krischnaswami Ijer klopfte an die Türe, als wir gerade mit unserem Haferbrei fertig waren. Er wollte mit mir über Ramana Maharischi und Wiswanatha, seinen alten Schulfreund, sprechen. Er trug eine Jacke, einen kleinen Turban und mitten auf der hohen Stirn den überlieferten kleinen Punkt, den Tilak. Er war Mathematiklehrer im europäischen Kloster. Er führte ein klares, offenes Gespräch mit mir und zeigte sich bereit, mich bei meinen Haushaltsproblemen zu beraten, obwohl er ein vielbeschäftigter Mann war und sich auch in der städtischen Verwaltung betätigte.

Ti-Puss war zwei Tage krank; sie erbrach und verweigerte ihr übliches *awul*, das heißt die Reisflocken; doch danach kräftigte sie sich bei Hafermehl und Büffelmilch; nur ihre großen Ohren und der schlangenhafte Schwanz wirkten in den nächsten Monaten immer noch unproportioniert.

Sie haßte ihren Nachbarn, der, eine weiße Masse flockiger Haare, mit päpstlicher Würde einherstolzierte und das ausdruckslose Gesicht eines Ausstellungskaters hatte. Die magere Ti-Puss, deren ganzer sehniger Körper Kraft sammelte, pflegte den Papst anzufauchen, wenn er hochmütig an uns vorbeiging und mein Gassenkätzchen nicht beachtete. Der Papst gehörte einem Brahmanen, einem Beamten, dessen zwei brave, adrette Töchter, jede mit einem dicken, glänzenden Zopf, von ihrer Türe aus meine Lebensweise mit großer Mißbilligung beobachteten. Ich verrichtete täglich die Arbeit einer Kastenlosen, räumte mein Zimmer selbst auf und lachte über die wilden Angriffe, die meine Katze auf den Besen machte. Sie führte sich auf, als ob jede Handlung um ihretwillen vorgenommen würde; aber eine mit Wasser gefüllte Schüssel oder Rauch, der von brennendem Laub aufstieg, verwirrte sie und ging über ihren schwachen Verstand.

Auf der Rückseite meines Hauses war ein Balkon und darunter ein steil abfallender Gartenstreifen. Da das Gärtchen im Schatten lag, benutzte ich es nur, um zum Freiluftabort zu gehen; bei Regen nahm ich einen Schirm mit, und auch dort leistete mir das stille Kätzchen Gesellschaft, auf meiner Schulter balancierend! Ich glaube, daß Katzen wie manche Kinder sind; sie fühlen sich wohl, wenn sie sicher wissen, daß wir uns ruhig verhalten werden, eine warme Basis für ihre träumerische Stimmung. Ich erinnere mich lebhaft an diesen Ort, weil sich dort eine großartige Aussicht auf die ferne Ebene bot, die sich fast zweitausend Meter unter uns ausbreitete.

Den größten Teil des Tages schmiegte sich Ti-Puss an mich, während ich ihr Schnurren genoß. Es waren unsere Flitterwochen! Nur wenn ich zum Markt hinaufging, überließ ich das zitternde Tierchen sich selbst. Seidiges Haar begann an ihrem blassen Bauch zu wachsen, weich, glänzend und zart wie Babyhaar. Sie war ein keckes Geschöpfchen, das alle Vorübergehenden außer dem Milchmann mißbilligend anfauchte.

Ich hatte nur eine Sorge: die Tschello-putschis, winzige Insekten (keine Wanzen), die in den Bodenritzen hausten. Ich mußte mich sehr kratzen und Tag für Tag meinen Schlafsack durchsuchen. Jeden Freitag desinfizierte ich den Fußboden: Der Besitzer des Papstes gab mir drei große Kuhfladen, die ich in einem Eimer Wasser auflöste; dann tauchte ich den Besen in die Flüssigkeit und schrubbte den Fußboden damit – der billigste Salmiakgeist, den es gibt. In der Regenzeit suchen alle möglichen Tiere in den Häusern Schutz, Skorpione, Tausendfüßler und manchmal auch kleine Schlangen.

Wenn ich mit dem Schreiben und Lesen fertig war, ging ich mit meiner Katze spazieren, wobei ich den schrecklichen Lautsprecher sorgsam mied. Sie lief mir in kleinen Galoppsprüngen voraus und zirpte wie ein Vogel, wenn sie mich aus den Augen verlor. Wir saßen gern in einem verlassenen Garten mit moosbedeckten Stufen, wo das Unkraut die hohen Lilien und stolzen Amaryllis nicht erstickte.

Eines Tages legten wir den ganzen Weg zum Schembegannur-Seminar zurück; wir kletterten bergab und verschmähten den Fußweg, rannten zwischen Sträuchern und großen Eukalyptusbäumen herum, deren Rinde sich in langen Streifen abschälte, und spielten die ganze Zeit Verstecken. Während die Katze, unten angekommen, einen Graben grub, besuchte ich das von den Geistlichen angelegte naturhistorische Museum. Als ich eine Stunde später hinauskam, stellte ich zu meiner Freude fest, daß unser stummes Einverständnis gut eingespielt war: Ti-Puss erschien sofort, als ich sie rief. Sie war immer noch recht klein und schnurrte dankbar, als ich sie im Arm bergauf trug.

Am nördlichen Ende meiner kurzen Straße begann ein Fußweg, der auf einem breiten Hang durch dichtes Farnkraut führte, wo ich nie einen Menschen traf. Dort ließ ich mich mit untergeschlagenen Beinen auf dem Pfad nieder, verborgen durch den braunen Farn, ruhte aus oder meditierte friedlich, während Ti-Puss Urwald-Kriegspfad spielte. An diesem Morgen hatte mich das Geigengekratze eines Anfängers in meine Genfer Kinderzeit zurückversetzt, zu traurigen und unvollkommenen Augenblicken, als ich in endloser Spannung unglücklich gewesen war und über den Hinterhof leeren Blickes auf ein drittes Stockwerk gestarrt hatte, wo ein armer Ausländer unermüdlich auf der Geige übte. Gewiß, dachte ich jetzt, Augenblicke bleiben traurig und unwirklich, solange ich ihr Wesentliches übersehe: Das Subjekt, oder die Bewußtheit, schafft den Augenblick. Aber wenn ich an die Bewußtheit denke, die jedes Erlebnis erleuchtet, wird „mein" Augenblick vollkommen; dann stehe ich nicht mehr außerhalb meines wahren Ichs.

Auf dem Farnweg, unter einem Himmel mit jagenden Monsunwolken, fühlte ich Frieden. Ich wollte diesen Gedanken weiterspinnen. Als Jüngling hatte der Maharischi in Tamilversen geschrieben: „Allumfassendes Licht der Bewußtheit, in dir ist das Bildnis des Weltalls geformt, ruht es und löst sich; in diesem Rätsel liegt das Wunder der Wahrheit. Du bist das innere Selbst, das im Herzen als Ich tanzet; Herz ist dein Name, o Herr!"

Die Tatsache oder der Zustand, wodurch dieser Spruch entstanden war, nahm Besitz von mir, so daß meine Einsamkeit versank; in der Fülle, die folgte, vergaß ich das Wo und Wann. Sie war tief, einzigartig, höchst kostbar; ich habe keine Worte, die reich genug wären, ihrer wert zu sein. Als ich die Augen öffnete, gewahrte ich die untergehende Sonne, die eine majestätische Wolke golden umrandete. War dies nicht ein Sinnbild meiner Betrachtungen: Erstehen nicht alle Formen im Lichte der Bewußtheit? Der Urbewußtheit, der unveränderlichen Glückseligkeit der reinen Selbstheit! Hatte ich recht?

Das Kätzchen leckte mir sanft die Wange, während eine Welle der Liebe mein Herz überflutete. Seine kleinen Laute waren bejahend, und die Art, wie es sein Köpfchen unter meinen Arm drückte, sagte deutlich: „Du bist nicht allein. Es gibt keine Absonderung." Ich streichelte seinen warmen, weichen Körper und fragte mich, wieviel wir wohl voneinander verstanden, und ob eine seltene Freundschaft zwischen uns entstehen würde. Sein Schnurren drückte instinktiv die Glückseligkeit aus, die das Wesen unbegrenzter Bewußtheit ist, die sich mir kurz zuvor offenbart und fast zum Weinen gebracht hatte.

Da Ti-Puss gern neue Orte kennenlernte, beschloß ich, sie zum See mitzunehmen. Zuerst kam die steile Kletterei zum Dorf, eine langsame Kletterei, weil Ti-Puss sich versteckte, sowie wir einem überraschenden Geräusch oder Anblick begegneten – dem Hämmern der Schuster und Spengler, dem Rattern eines Lastwagens, dem Kläffen streunender Hunde, dem heftigen Gezänk der Kulifrauen, die sich wegen eines Apfelsinen kaufenden Kunden stritten. Ich mußte sie geduldig rufen, bis sie wiederaufzutauchen wagte, mit scheuem Blick fragend, ob eine solche Welt wirklich für sie geeignet sei. Dann schritt sie voraus, den Schwanz aufgerichtet, voller Tollkühnheit, während die Ladenbesitzer mich anschauten, als wollten sie sagen: „Ist das die neueste Mode?"

Hätte ich gewußt, daß der See so schön war mit seinen Buchten, über die sich schattige Bäume neigten, so wäre ich nicht so lange bei dem indischen Dorf geblieben. Hier war man wie in einem großen Park. Ich erhaschte einen Blick auf Villen, Blumenbeete, Tennisplätze, Liegestühle: Dies war wieder England, England mit seiner gepflegten Schönheit, seinen silbernen Teetabletts, die um fünf Uhr schimmern. Brötchen, frische Butter, Gelee aus schwarzen Johannisbeeren. Wie lange hatte ich das nicht mehr gekostet!

„Wir werden nicht eingeladen, wir kennen diese glücklichen Menschen nicht", dachte ich. Aber wo war mein Kätzchen? Wohlverborgen unter einer Bank betrachtete es einige Dachshunde, die von einem älteren Ehepaar mit Golfschuhen, bequemer Tweedkleidung und Filzhut an der Leine geführt wurden. Während ich mich über die Freundlichkeit in ihren blauen Augen freute, fühlte ich mich als Verbannte; wie gewaltig und steif ihr Kinn aussah! Ich saß auf der Bank, Ti-Puss gelassen neben mir, und lächelte dem gekräuselten Wasser zu. „Für uns gibt es keinen englischen Tee, mein Pelztierchen. Diese netten Leute würden an meinem Leben als 'Native' Anstoß nehmen. Die einzigen Inder, die sie kennen, sind ihre Diener. Sie würden über die Zeitungsnachrichten, das Klubleben, den neuesten Film, die letzten Ankömmlinge reden, und das würde mich langweilen. Zudem habe ich meine Wahl getroffen: In Indien gehört man entweder zur braunen oder zur weißen Welt. Diese zwei Welten kennen einander nicht, und man darf sie nicht mischen, weil es schmerzlich ist, ihre falschen Vorstellungen voneinander zu hören."

Wir stiegen zu einer Kirche hinauf, wo ein Organist leise übte. Mir kam ein Gespräch in den Sinn, das ich kürzlich mit einem schwedischen Missionar geführt hatte. Er wunderte sich, als er vernahm, daß ich zwei

Jahre allein in einem indischen Dorf gelebt hatte. Er riet mir, so schnell wie möglich heimzukehren: Ich brauchte den Schutz einer Gruppe, fand er. Es sei Wahnsinn von mir, eigene Wege zu gehen. Und warum? Ich würde wie seine Frau überfallen werden. Nachdem ich erwidert hatte, daß so etwas auch in Europa vorkäme, ohne daß man deshalb einsame Spaziergänge aufgeben müßte, tat er sein Entsetzen über mein Studium der Hindu-Philosophie kund, einer Lehre von Menschen, die wie geistig umnachtete Wilde die Organe des Körpers anbeteten. Ich antwortete, sie seien hochkultiviert; Schiwa sei der Herr Schöpfung, aber auch ihr Vernichter, was beweise, daß er jenseits dieser Gegensätze stehe. Aber offen gesagt, welch andere Handlung als der Zeugungsakt zeige so gut das Wunderwerk der Geistestätigkeit? Verkünde das Christentum nicht dasselbe Mysterium, indem es die Muttergottes zur Jungfrau mache?

In Kodaikanal waren viele Missionare, weil es dort eine Schule gab, in die diese Amerikaner ihre Kinder schickten.

Trotz meiner Theorie kam ich mit Weißen zusammen ... und ich genoß ihre üppigen Teegesellschaften! Ti-Puss kostete Schlagrahm, nachdem sie bei Dr. Graveley, dem Kurator des Museums von Madras, auf den Tasten eines Klaviers herumspaziert war. Der Garten war ein Meer von Blumen, die der aufgeregt schnuppernden Nase des Kätzchens größtenteils neu waren.

An jenem Tage erlebten wir ein kleines Abenteuer. Als wir einen schmalen Weg erforschten, der zwischen Felsen und Sträuchern an einem steilen Hang verlief, gerieten wir plötzlich in eine Ziegenherde. Die Katze machte wie der Blitz kehrt und flitzte einen hohen, dünnen, glatten Eukalyptusbaum hinauf. Zum erstenmal erkletterte sie einen Baum, und sie hätte sich keinen ungeeigneteren aussuchen können. Nachdem die Herde verschwunden war, blieb mir Zeit, die Schönheit der buschigen Zweige zu betrachten, während das Tierchen von der ersten Gabelung zur Erde blickte und herzzerreißende Klagelaute ausstieß. Es mußte sich selbst helfen; keine Leiter hätte so weit gereicht. Sieben Meter über mir war es in jämmerlicher Verlegenheit und streckte den Kopf dahin und dorthin vor. Es kam nicht auf den Gedanken, eine halbe Wendung zu machen und rückwärts herunterzuklettern.

Ich stellte mich ganz nahe, rief Ti-Puss und lobte ihren Mut; ich entfernte mich und tat so, als wollte ich fortgehen. Alles vergeblich! Aber ich hätte sie niemals verlassen. Endlich begann sie in ihrer Verzweiflung den Abstieg, verlor den Halt und stürzte beinahe, wodurch sie die richtige Stellung gewann – Vorderbeine oben! Wie freuten wir uns, wieder beisammen zu sein, wie heftig klopfte das Herz in dem zitternden Körperchen ...

In der gleichen Woche ging ich zu der amerikanischen Schule, Highclerc genannt, um ein Schweizer Ehepaar namens Caspari zu besuchen, das dort unterrichtete und mit dem ich, wie mir brieflich mitgeteilt worden war, viel Gemeinsames haben sollte. Die Schule lag wunderschön über dem See zwischen dem Hotel und der Kirche. Immerhin hatte am vorigen Abend ein Leopard den Rasen vor dem Hause überquert, wie mir Elisabeth Caspari erzählte, während wir das Abendbrot zubereiteten.

Wir waren so angeregt durch den Beginn einer sich anbahnenden Freundschaft, daß ich erst beim Kaffee meine Katze vermißte. Sie saß nicht mehr auf dem Schrank und war nirgends zu finden. Sie mußte draußen in der windigen Nacht umherstreifen und mich ganz vergessen haben, oder sie fand die Türe nicht mehr ... oder war am Ende der Leopard wiedergekommen, und mein erschrockenes Kätzchen hatte den Kopf verloren und sich in einen Baumwipfel geflüchtet? Ich suchte den Garten mit einer Taschenlampe ab und rief Ti-Puss. Was nun? Ich überwand meine Schüchternheit und fragte bei den Lehrersfamilien in anderen Häusern nach. Wo konnte sie nur sein? Sollte ich sie schon verlieren? Welch trauriger Abend!

Sie war in einem Schrank, den wir zufällig aufmachten, zusammengerollt wie eine haarige Raupe, und blinzelte unschuldig und weltverloren. Elisabeth lachte mich aus, und ich lachte mich auch aus! Wir setzten ihr Milch vor. Sie trank sie mit geschlossenen Augen, wobei die Schwanzspitze langsam den Takt schlug, indes wir beide zuschauten, wie sie den Trunk gierig genoß. Dieses Schauspiel bereitet mir immer großes Vergnügen, ähnlich der Freude, wenn ich eine Gruppe Skifahrer ihre leichten Bögen in das nachgiebige Weiß eines Berghangs einschreiben sehe.

Nochmals wurde ich meinem Vorsatz untreu: Auf der Post traf ich Marcel Valot, den ich vor zwei Jahren in der französischen Stadt Ponditscherri kennengelernt hatte, und er nahm mich nach „Napier" mit, dem Bungalow, den er für den Sommer gemietet hatte. Das Haus hätte ein Leuchtturm für Flugzeuge sein können; denn es stand oben auf den Klippen, die sich aus der Ebene erhoben. Drunten funkelten nachts die wenigen Lichter von Perjakulam wie Edelsteine. Wir standen am Südrand der Palney-Berge.

Es war ein unerwartetes Vergnügen, mit Europäern zusammenzukommen, seiner Frau, seinen Töchtern und einem Freund, und mit ihnen *pommes frites* und *salade* zu essen! Menschen, die ihr eigenes Leben führen, erwecken meine Anteilnahme; ich verstehe sie und weiß mit ihnen umzugehen. Bei traditionsgebundenen Hindus, die nicht „autonom" im Sinne des Abendländers sind, ist das nicht möglich. Ihnen bedeutet ihre Kaste am meisten, und wenn sie mit uns zusammenkommen, sind sie ebenfalls verloren, da sie nicht wissen, in welche Kategorie sie uns einordnen sollen, sind scheu, weil sie keine Ahnung haben, wie sie uns anreden oder wie sie sich mit uns verständigen sollen. Doch wenn sie hören, daß ich ein Wahrheitssucher bin, beglückt es sie, zu wissen, woran sie mit mir sind. Ich zähle dann für sie zu der großen Schar der kastenlosen Joga-Schüler. Ich glaube, daß ihre bemühende, stets wiederkehrende Frage „Welches ist Ihr Geburtsort?" in Wirklichkeit bedeutet: „Wie sind Sie geboren? Wieviel Hochachtung muß ich Ihnen erweisen?" In solchen Fällen ist es vorteilhaft, sogleich die gewünschte Auskunft zu geben, die in Europa kindisch oder zwecklos wäre.

FÜNFTES KAPITEL

„Blackburn"

Dank des gütigen Beistands von Krischnaswami Ijer zogen wir in das Blackburn-Cottage um, das gerade unter dem Präsentationskloster auf einem Sattel des parallel zum Association Hill verlaufenden Berges stand. Hier suchte ich mir das sonnigste Zimmer aus, ein großes Atelier mit vielen Fenstern, obwohl es reparaturbedürftig war; denn es regnete herein und im Fußboden klafften Löcher. Der Katze bot sich viel Platz, ihren Pingpongball in vollem Galopp herumzustoßen.

Kaum freute ich mich, die „Tschello-putschis" loszusein, da entdeckte ich, daß die Kokosmatte von Flöhen wimmelte! In der Regenzeit herrschte diese Plage in vielen Häusern. Täglich mußte ich meinen Schlafsack untersuchen und morden. Derweil beobachtete die Katze, halb verborgen in einem Rosenstrauch, die Amseln, rasend vor Mordlust; ihr gespannter Körper zitterte, aus dem offenen Mäulchen drangen wollüstige Töne.

In dem indischen Dorf hatte ich mich an der reinen Luft erfreut; in „Blackburn" kam die Freude an den Gärten dazu. Die meisten waren verwaist, da die heißesten Monate im Tiefland vorbei waren. Wir erforschten viele, indem wir über Zäune oder Mauern kletterten. Wir fanden dichte Gehölze, üppige Ufer an kühlen Bächen, Obstgärten mit Birnbäumen, verflochtene Dickichte, wo die Katzenkrallen manch einen Stamm stempelten. Wenn Ti-Puss auf einem waagrechten Ast kauerte, sah sie aus wie ein kleiner Luchs. Unerwartete Lichtungen mit Hagedornbüschen lächelten der Sonne zu und boten ihr die Farben und Düfte dar, die sie hervorgebracht hatte.

Zu meinen Erziehungserfolgen bei Ti-Puss gehörte unser Nachtspaziergang von den Casparis, bei denen wir oft zum Abendessen waren, die ganze Autostraße entlang zu unserem Klosterhügel. Sie war ein Nervenbündel, fürchtete sich vor der Dunkelheit und vor unsichtbaren Dingen, die mitten in der Nacht schwaches Leben verrieten; doch gleichzeitig fühlte sie sich dadurch verlockt. Ich wußte nie mit Sicherheit, ob sie weit fort oder in der Nähe war; aber ich mußte es wissen, ehe ich weiterging. Ich rief sie dann sanft, stand regungslos und wartete geduldig, bis der geschmeidige kleine Körper an meinem bloßen Bein lehnte. So lernte ich, sehr leise Geräusche hören, so leise wie Elfenatem. Und wie oft widerstand ich der Versuchung, sie auf den Arm zu nehmen, um sicher zu sein, daß ich mit ihr heimkehren würde!

In „Blackburn" hatte ich zum erstenmal einen Schreibtisch, und Ti-Puss erfand das Spiel, die sich bewegende Feder anzuhalten. Wenn ich meinen Freunden schrieb, dem Musiker John oder dem Dichter Lewis, konnte ich ihre Kritzeleien einrahmen und das Blatt so lassen, wie es war. Aber eines Tages war ich sehr bestimmt: „Ti-Puss, laß mich in Ruhe; geh Fliegen fangen, hörst du? Ich kann keinen Kreis um deine Krakel machen und hinzufügen: Das ist die Unterschrift meines geliebten Kätzchens, weil nämlich der Brief an den Staatssekretär von Dehli geht. Er soll die Regierung von Travankor benachrichtigen, daß mein Paß nicht gefälscht ist und daß ich ungehindert in diesen

Teil Indiens fahren möchte, um meine dort begonnenen Studien fortzusetzen."

Wenn meine Stimme ernst klang, gehorchte sie manchmal, oder aber sie setzte sich auf den Briefbogen und starrte mich an, als hätte sie mich noch nie gesehen.

Ich mußte heimlich fortschleichen, wenn ich zu dem weit entfernten Markt ging; denn ihre vielen Seitenwege waren zu unberechenbar und zeitraubend. Doch mehr als einmal stellte ich fest, daß der kleine Schlingel mit aufgerichtetem Schwanz neben mir trabte, wenn ich in die untere Straße beim Association Hill einbog. Dann sperrte ich sie bei Dr. Graveley ein, bevor ich die Brücke über den Wäschern überquerte. Als ich sie einmal auf dem Rückweg abholen wollte, entdeckte ich, daß sie durchs Badezimmerfenster entwichen war. Ich rief sie immerzu, während ich nach „Blackburn" zurückkehrte; aber ich erlebte nicht die Freude, sie anmutig auf mich zuspringen zu sehen.

Ich kochte mein Mittagessen, aß und ruhte mich aus ... immer noch allein. Wie fehlte mir meine vierfüßige Gefährtin, und wie sorgte ich mich um sie! Noch nie waren wir einen ganzen Tag getrennt gewesen. Wie sehnte ich mich danach, ihren leichten Schritt zu hören! Aber die einzigen leisen Plumpse waren die dumpfen Trommelschläge aus dem kleinen Dorf Willipatti beim Hindu-Tempel.

War ich durch unsere gemeinsamen Gewohnheiten schon versklavt? Wie soll man wissen, wie man liebt? Offenbar war diese Katze mir über den Weg gelaufen, weil mein Herz etwas Beschäftigung, „Nahrung" brauchte. Aber sollte ich nun in selbstangelegten Fesseln stöhnen, gerade jetzt, wo mir ein Weiser den Weg zur unwandelbaren Freiheit wies? Welch ein Witz! Ich wollte mich nicht entsagend für die Katze hergeben; hingegen mußte ich mir klarmachen, weshalb ich ein solches Band um uns webte. Das war wichtig! Die Theorie von dem, was ich täglich lernte, konnte so in die Praxis umgesetzt werden. Bindung kann gewandelt werden, indem man sie zur beständigen, unbegrenzten Liebe hinführen läßt – dem Ursprung unserer Freuden und zärtlichen Gefühle –, zu dieser Kraft der Liebe, von der es heißt, sie sei unser eigentliches Sein. Wenn ich mich ihr ergab, konnte ich meine Lehnspflicht nicht teilen und mich nicht in ein kleines Fellbündel verstricken. Nein! Die Katze konnte und sollte ein Prüfstein werden, an dem ich mein Erfassen der Wirklichkeit erprobte.

Natürlich fand ich sie wieder. Aber erst, als ich zum Association Hill zurückkehrte und einen neuen Weg durch einen Märchenwald wählte. Dort kauerte sie unter einem Strauch und wartete auf mich mit großen flehenden Augen. Brauchte sie meine Liebe ebenso sehr, wie ich es nötig hatte, sie zu lieben? Und verhielt es sich so, daß wir beide, obwohl so verschieden, in Bezug auf das Liebesbedürfnis ein und dasselbe waren? Jedenfalls hatte sie auf meine Rückkehr gezählt, das war Tatsache; sonst hätte sie leicht allein nach Hause zurückkommen können.

Sie mußte sich über unsere Wiedervereinigung freuen; denn zum erstenmal überquerte sie fröhlich den sumpfigen Bach unterhalb von „Blackburn". In der Regel hatte ich in den schmelzendsten Tönen zu locken, damit sie sich auf ein paar knapp unter dem Wasser liegende Trittsteine getraute; aber an diesem Tage war sie stolz auf sich selbst und rannte wie verrückt, ohne einen anderen Zweck, als um zu Vögeln und Eichhörnchen zu sagen: „Ich bin ein tapferes Geschöpf!“ Werden Katzen wohl wie wir durch einen seltsamen Zwang getrieben, über ihre gewöhnlichen Möglichkeiten hinauszugehen? Jeden Tag beeinflußten wir einander auf neue Weise.

Kaum war ich daheim und genoß eine Tasse Tee, da brachte mir die Post eine enttäuschende Nachricht über die lange erwarteten Tantiemen meines Buches *Gypsy Afloat*.

Ich weinte still vor mich hin. Und wieder war das offenherzige Kätzchen da, bepfotete mein Gesicht, schnurrte und zirpte abwechselnd, bis ich ihm die Dinge erklärte: „Es geht mir jetzt gut, und du bist mein liebes kleines Ding! Aber siehst du, es hat mich getroffen, Pussy. Es dauerte vielleicht eine Zeit, bis dieses Problem gelöst ist, obwohl ich mich schon frei davon fühle. Ich weiß, daß ich die Wirkung dieses Schlages beobachten kann, und auf diese Weise höre ich auf, mich damit zu identifizieren. Das habe ich schon früher gekonnt.“

Doch soweit es meine Freude betraf, war es schwieriger, nicht hineinverwickelt zu werden; anstatt beobachtend daneben zu stehen, hätte ich gern den Stolz erlebt, wieder ein Buch unter meinem Namen erscheinen zu lassen. Die Freude mußte nun nur noch ein Wegweiser zu meiner wahren Natur werden, zu dem Ich, das sich nie verändert, weil man letztlich dieses feststehende Prinzip ist, an dem man die Wandlungen von Freude und Schmerz erkennt. Diese Überlegungen beantwortete Ti-Puss mit drei sehenswerten Flohsprüngen vor meinem Tisch.

SECHSTES KAPITEL

Courtallam

Der südwestliche Teil der Halbinsel, die vom Indischen Ozean umspült wird, heißt Travankor. Bevor man, von Osten kommend, die Grenze dieses Staates erreicht, hält der Zug in Tenkasi, einem großen Dorf, das in der Hitze der Ebene verfällt.

Als Ti-Puss und ich dort eines Tages im September ankamen, wurden wir von unserem Freund John, dem Musiker, abgeholt, einem blonden Mann, der sich wie ein Inder in *dhoti* und *jibba* kleidete, seit er beschlossen hatte, als Hindu zu leben.

Bald saßen wir mit untergeschlagenen Beinen auf dem harten Boden eines Ochsenwagens, der uns nach einer Fahrt von acht Kilometern nach Courtallam brachte. Dieses Dorf ist bekannt für seine würzige Luft; es liegt am Fuße eines Sattels, wo ein Wasserfall rauscht, der den Ruf hat, rheumatische Leiden zu heilen. Wir hatten den Ort schon früher einmal mit Lewis, dem Dichter, aufgesucht, weil unser geistiger Lehrer, der in Travankor lebte, uns dort leicht treffen konnte. (Wir konnten nicht mehr zu ihm, da uns die Polizei von Trivandram aus unerforschlichen Gründen aus diesem Staat ausgewiesen hatte.)

Wie hatten wir damals gelacht, als sich herausstellte, daß der einzige Bungalow, der Lewis zusagte, das Irrenhaus war! Die Patienten wurden dort mit heiligen Sprüchen behandelt, die ihnen der Mouna Swami, ein in der Nähe wohnender heiliger Mann, zukommen ließ.

Es war John gelungen, ein kleines Haus an der Landstraße zu mieten, wo prachtvolle alte Bäume eine Allee mit zitterndem Laubwerk bildeten. Nach indischer Sitte hatten wir keine Möbel außer unseren Tscharpoy-Bettgestellen. Der junge Ramakrishna, der uns schon in Travankor bedient hatte, kochte für uns. Reis, Gemüse und Quark wurden von einem Bananenblatt, das auf dem Boden lag, gegessen, nachdem wir unseren Lehrer Atmananda bedient hatten. Wie Ramana Maharischi vertrat dieser Weise den „nicht-dualistischen" Standpunkt.

Da die Fenster in diesen Landen keine Scheiben haben, hätte Ti-Puss nach Herzenslust herumstreifen können; die Fensterläden waren immer geöffnet, damit der Wind Zugang hatte; aber in Courtallam war sie plötzlich scheu geworden und wartete jeden Nachmittag sehnsüchtig darauf, daß ich sie ausführte.

Täglich behandelte ich meinen steifen Rücken, indem ich ihn dem Wasserfall aussetzte, womit ich dem Beispiel vieler Inder folgte. Nachdem sich die Badenden in einer Hütte mit kleinen Kabinen ausgezogen hatten, hüllten sie sich in weiße Tücher und stellten sich in einer Reihe unter den geteilten Strom des Wasserfalls. Die natürliche Klopfmassage des herabprasselnden Wassers war wie eine schmerzhafte Lawine von Hagelkörnern.

Natürlich wollte Ti-Puss mich begleiten; deshalb mußte ich sie mit aller Festigkeit lehren, bei einer von einem großen Feigenbaum geschützten Kapelle auf mich zu warten. Jeden Morgen erlebte ich nach der Rückkehr von meiner Dusche dasselbe herrliche Vergnügen, mit ihr das Spiel glücklicher Wiedervereinigung zu spielen, wobei uns ein aschebeschmierter

Mann, der die Kapelle hütete, mit einem wie aus Stein gemeißelten Gesicht zusah. Unsere Augenblicke des Verstehens freuten mich sehr, weil Ti-Puss keineswegs leicht zu behandeln und oft brummig war. Ihre Launenhaftigkeit ließ sich wahrscheinlich darauf zurückführen, daß ihr der Speisezettel nicht gefiel; sie bekam nämlich nur Hafer- und Reisflocken, weil ich mich nicht getraute, Fleisch in unseren indischen Haushalt zu bringen.

Nach einer Woche beschloß ich, mit der Wasserfallkur aufzuhören, da mein Hexenschuß noch entschieden ärger geworden war!

Einmal nahm ich die Katze zum Tempel beim Wasserfall mit, nachdem ich sie durchs Dorf getragen hatte, obwohl es sie ergrimmte, wie ein Säugling behandelt zu werden. Jasmingirlanden, Weihrauchstäbchen und verschiedene Süßigkeiten, die beim Tempeltor auf Gestellen feilgeboten wurden, regten ihren Geruchssinn an und ließen sie ihre Abneigung gegen Menschenmengen vergessen. Den inneren Teil des Tempelgebäudes konnte man nicht sehen, sondern nur die mit senkrechten roten und weißen Streifen bemalte Außenmauer, die sich sehr fröhlich von den grünen Hängen um den Wasserfall abhob. Ich folgte der verlassenen Mauer und ließ Ti-Puss frei. Affen kreischten in den Bäumen und stahlen einander Erdnüsse. Das Kätzchen wollte mit angelegten Ohren kopflos davonrennen; aber wieder einmal bewirkte die Macht meiner Stimme, daß es meine Gegenwart suchte.

Warum gehorchen Tiere unserer Stimme? Gefällt ihnen der Klang der Menschenstimme? Sind sie bezaubert von dem rückläufigen Geheimnis der Schwingungen, die sie selbst hervorzurufen versuchen? Oder von dem Geheimnis eines körperlichen Dinges, das subtil der Luft vermählt wird und mit ihr verschmilzt?

Als ein plötzlicher Regenguß die Erde peitschte, befanden wir uns allein bei dem heiligen Becken. Wir kauerten uns schutzsuchend unter einen Prozessionswagen aus geschnitztem Holz, der pyramidengleich unter einem Wellblechdach stand. Palmen glitzerten, und eine Weile sah der Staub des Platzes wie sauberer Sand aus.

Später kamen wir an einem merkwürdigen Haus vorbei. Ich hatte es einmal mit Lewis betreten, der so viele Jogis, Sadhus, Sanjasins und andere Wahrheitssucher wie möglich aufzusuchte. Der Swami, der hier wohnte, sollte Kupfermünzen in Gold verwandelt haben; längst hatte er das Schweigegelübde abgelegt. Stellte man ihm Fragen, so beantwortete er sie auf einer Schreibtafel. Sein feuerfarbener Dhoti bestand aus kostbarem Musselin; er selbst aber war grobschlächtig und wenig anziehend mit seiner Knollennase und einem großen Mund, der fortwährend unartikulierte Laute hervorstieß, als ob er seine Untätigkeit bedauerte! Wir fragten ihn bloß nach dem Grund für die Einrichtung in der Haupthalle, die aus riesigen bemalten Pappfiguren bestand. Die Antwort war: „Weil ich sie spottbillig in einem Wanderzirkus kaufen konnte!"

Ich zog bei weitem den sehr feinen Neunzigjährigen vor, der gerade gegenüber unserem Hause wohnte. Auch er hatte das Schweigegelübde abgelegt – die einzige Möglichkeit, sich gegen die Zeitvergeudung durch leeres Geschwätz zu wehren; aber wegen seiner Vornehmheit weilte man gern bei ihm und stimmte mit seiner Entscheidung überein. Er war nackt bis auf einen Lendenschurz. Je weniger die Inder tragen, desto schöner sind sie, da sie von Natur das gleichmäßige Braun haben, das wir in den Ferien vergeblich erstreben. Seit vierzig Jahren machte er seine Atemübungen. Er zeigte uns das Buch, das er auf Tamil geschrieben hatte und in dem die verschiedenen Zusammenstellungen der Atem- und Pulsrhythmen zusammengefaßt waren. Ein Jüngling aus dem Dorf erklärte uns die geduldigen Gesten des alten Meisters; aber er konnte uns die symbolische Bedeutung der in dem System benutzten Sonnen- und Mondwelt nicht erläutern. Der Meister hatte den einfachen Namen Mouna Swami: Schweigender Swami.

Täglich ging ich mit meiner lebhaften Katze spazieren. Gleich hinter unserem Hause folgte ich dem Pfad, der zwischen stachligen Sträuchern und großen Felsblöcken in die Höhe kletterte. Dann kam eine Reihe von Brachfeldern, gesäumt von den Palmen, deren Früchte Palmyranüsse heißen und drei Kerne aus durchsichtiger Gallertmasse haben. Die Palmyrapalmen sind groß und dünn; ihre kargen Wedel hängen zur Hälfte hinunter, welk und so dürr, daß sie bei starkem Wind ganz erstaunlich rasseln und klappern – eine denkwürdige Begleitung zu unseren Streifzügen und ein Sinnbild dieses harten Karnatiks, wo die Menschen vom Ministerpräsidenten bis zu den Parias durch ihre Hingabe an Schiwa, das verzehrende Feuer der Wiedergeburt, geformt sind.

Bergauf gingen wir, bis ich einen umfassenden Blick auf das Land rings um Tenkasi hatte, wo die grünen Haine mit der gelben Ebene zusammenstießen.

Von einem Felsen, der die Form eines Lehnstuhls hatte, betrachtete ich die weite Schaubühne, auf der die strahlende Sonne ihre wechselnden Farben am

Ende des Tages entfalten konnte und die stumpfe Erde ihr folgte. Solange ich mit Ti-Puss plauderte, lief sie umher, hier ein Hölzchen bepfotend, dort die Ohren nach einem Insekt spitzend. „Pussy, glaubst du, daß die Polizei von Trivandram bald einen Verweis aus Delhi erhalten wird? Ist es nicht ein Glück, daß ich in Delhi einmal mit ein paar großen Leuten gegessen habe? Warte noch ein Weilchen, wir werden bald miteinander ins wunderbare Travankor kommen!"

Sobald es mir gelang, mich friedvoll zu sammeln, sprang sie mir auf den Schoß und schnurrte, blieb still bei mir, warm und gelassen wie eine afrikanische Sphinx. Dort oben, umweht von dem starken Westwind, der die metallischen Palmen schüttelte, bestrahlt von den roten Flammen der Sonne, im Besitz meiner selbst, erkannte ich, wie alles zu lieben ist – auch die giftigen Skorpione des gestrigen Tages! Alles kann man verstehen, wenn man es unter dem Aspekt der einen Liebesmacht betrachtet, und an uns ist es, herauszufinden, was uns am besten dazu verhilft, in ihr aufzugehen. Wenn ich so tief erlebte, spürte es die Katze. Aus ihren eigenen Gedanken gerissen, schaute sie mich an, nicht mehr mit dem Gesicht eines rätselhaften Idols, sondern mit großen, runden, leuchtenden Augen, und ihr kleiner Dynamo der Glückseligkeit begann zu laufen, wie um zu sagen: „Du hast recht! Alles ist, wie es sein sollte!"

Sie reagierte verschieden. Wenn ich sehr aufgerührt war, fast verzweifelt, weit von meinem Ziel entfernt zu sein, schnurrte sie nicht; sie erhob sich dann, koste meine Nase und stieß fragende Zwitscherlaute aus. All dies bemerkte ich in den Jahren, die wir zusammen lebten, und ich erwähne die später gezogenen Schlüsse schon jetzt, weil ich in der großartigen Landschaft von Courtallam zum erstenmal von ihrer feinen Intuition überwältigt wurde.

Es war, als ob die Katze jedesmal, wenn es mir gelang, meine inneren Konflikte auf eine höhere Ebene zu bringen und so „die natürliche Ordnung der Dinge" zu erreichen, in mir den gleichen Frieden und die gleiche Harmonie fühlte, die kleinen Kindern und Tieren eigen sind, da sie keine „Objektivierung" kennen; sie sind keine Rebellen, sind nicht aus dem Paradies vertrieben worden. Sie können sich nicht selbst analysieren, wie wir es – anscheinend für immer gespalten – immerzu tun, seit wir vom Baum der Erkenntnis gekostet haben. Sie leben aus ihrer eigenen Fülle in reiner Unmittelbarkeit, und das ist Glückseligkeit, wenn sie es auch nicht wissen. Für uns hingegen geht der Friede nicht über die Vernunft hinaus, und wir wissen es, wenn wir glücklich sind; aber das geschieht allzu selten.

Nach einem indischen Sprichwort hat sogar ein Baum durch die Gegenwart eines in der Nähe lebenden vollkommenen Menschen Nutzen: Wenn er alt und im Verfall begriffen ist, setzt er neue Triebe an und bisweilen sogar eine letzte Blüte. War mein Pelztierchen von dem Weisen beeinflußt worden? Mit ihren fünf Monaten war Ti-Puss verspielt; gleichwohl bemerkten wir mehr als einmal, wie ernst sie mitten im Zimmer sitzen konnte, während der Meister unsere Fragen beantwortete. (Ein Jahr später, als sie eine vollbeschäftigte Mutter war, sollte sie sich auf dieselbe Weise verhalten.)

Wenn ich aufgefordert wurde, das Paradies zu schildern, wie es war, ehe sich unsere Ahnen ihrer Wahl bewußt wurden, zeichnete ich einen ganz ausgestreckt liegenden Panther, der mit dem verlockenden Schwanz einer Schlange spielt, die Eva anmutig baumeln läßt. Adam sitzt an der Sonne; er lehnt sich an den glatten braunen Bauch des ersten Stiers, singt und preist den großen Schöpfer, der solch verschiedenartige Schönheit ersonnen hat.

Als ich eines Nachmittags mit Ti-Puss Ball spielte, gesellte sich der Meister zu uns. Es belustigte ihn, eine Katze zu sehen, die einen Pingpongball zurückwarf, bevor er die Wand hinter ihr erreichte. Geschwindigkeit, Eleganz, Sinn für Vergnügen, Verwandlungskunst ... das Spiel und die Darstellerin waren entzückend. Könnten wir nur wie eine Katze leben und nie der Anmut ermangeln!

„Die Katze wird um ihrer selbst willen geliebt, und der Freund wird um seiner selbst willen geliebt", erklärte der Meister. „Sie helfen dir das Selbst erleben, dieses wahre Ich verwirklichen, das nichts anderes ist als reine Wonne, bewußt zu sein. Siehe ab vom Kätzchen – was bleibt, ist unbedingte Liebe, dein eigenes innerstes Wesen, dein Ichtum. Klammerst du dich an dieses Tier, so bleibst du innerhalb der Grenzen, innerhalb der Fesseln eines relativen Wesens. Aber du bist mehr als das: Lerne erkennen, daß deine Katze oder dein Freund ein Tor sein kann, das dich zum unendlichen Glück in dir führt."

SIEBTES KAPITEL

Raipur – Der erste Verlust

Es war eine aufregende Reise nach dem Norden, eine Reise, die es kaum ein zweites Mal gibt. Über Weihnachten war ich zu einer Tigerjagd eingeladen, und nachher wollte ich für einen Monat nach Benares gehen. Wieder einmal wurde ich wortbrüchig und begab mich zu den „Weißen", zu ehrlichen Freunden, die meine gegenwärtige Beschäftigung kritisieren mußten.

Inzwischen war die Katze an Eisenbahnfahrten gewöhnt. Wenn sie das Menschengewimmel unerträglich fand, landete sie mit einem flugähnlichen Sprung im Gepäcknetz, wo sie sich schlafend stellte, und ich band ihre Leine an den Griff meines Tropenkoffers. Aber wenn wir bequem auf einem Eckplatz saßen, band ich sie an der Fensterstange an. Dann hatte Ti-Puss die Hinterbeine auf meinem Schoß, die Vorderbeine auf dem Fensterbrett und betrachtete mit gespitzten Ohren, gestrecktem Hals und wie ein Metronom taktschlagendem Schwanz abwechselnd die lärmende Versammlung auf dem Bahnsteig, wo sich eine quirlende Menschenmasse drängte, und die langen Meilen flachen Landes, wo die einzigen beweglichen Linien die Gleichgewichte der Brunnen waren, die langsam von ihren Achsen aus getrocknetem Lehm in die Höhe stiegen.

Ein lustiges Zwischenspiel fand in Madras statt, das ich aber nicht gern noch einmal durchmachen möchte. Nachdem wir am Morgen von Tiruvannamalai angekommen waren, mußten wir drei Stunden auf unseren Anschluß warten. Diese Zeit verbrachten wir in dem großen Restaurant, das im ersten Stock lag und um diese Zeit leer war. Müde von der Nachtfahrt, schlief die gefügige Katze zu meinen Füßen auf dem kühlen Fliesenboden.

Während ich las, verflog die Zeit: Ganz plötzlich hieß es aufbrechen; aber die Katze war fort. Unter gewöhnlichen Umständen hätte ich mich nicht zu sorgen brauchen, da sie immer auf meinen Ruf gehorchte. Doch diesmal kam sie nicht, und die Zeit war knapp! Die breite Treppe, die geradewegs zu den Zügen führte, konnte sie nicht hinuntergegangen sein; auf der anderen Seite der geräumigen Galerie lagen Büro, Küche, Lagerräume, Gänge und Waschräume, die ich unruhig durchschritt, wobei ich zu den Leuten, die ich traf, zur Entschuldigung sagte: „Haben Sie meine Katze gesehen?“ Aber die verwunderten Tamilen-Angestellten waren nicht hilfsbereit. Eine richtige Eingebung trieb mich, bis zur Gepäckkammer vorzudringen: Dort schlief sie auf einem staubigen Bord! Wenn jemals ein Mensch gerannt ist, um einen Zug noch zu erwischen, und sich dabei die ganze Zeit laut selbst ausgelacht hat, so war ich es, als ich meinen Gepäckträger einzuholen versuchte!

Er hatte meinen Koffer in ein Frauenabteil dritter Klasse gestellt, wo ich mir eine leere Bank zunutze machte und bald einschlief. Doch plötzlich klopfte mir ein Schaffner auf die Schulter: „Warum gehen Sie nicht ins nächste Abteil?“ – „Weshalb denn?“ gab ich zurück. – „Oh, Verzeihung“, sagte er. „Ihre Mitreisenden dachten, Sie wären ein Mann!“ (Ich trug nämlich wie üblich Hosen.)

Diese irrenden Reisegefährtinnen waren übrigens die einzigen unangenehmen Inderinnen, die wir auf unseren vielen Reisen in Indien getroffen haben. Es waren drei dicke, weiß eingehüllte Mohammedanerinnen aus dem Süden mit grobem Gesicht. Neben sich hatten sie das übliche Rüstzeug zum Betelkauen und auch Schnupftabakdosen. Sie erhoben Einspruch gegen mein Liegen auf der Bank, ohne zu bedenken, daß ihre Bündel viele Plätze einnahmen. Gegen das Kauen war ich abgehärtet, auch gegen den Anblick von Fingern, die den Rest des weißen Kalkbreis an der nächsten Wand abwischten. An Matrosensitten gewöhnt, habe ich sogar Freude am zielgerechten Spucken, wenn ich windwärts stehe; aber eine mit Schnupftabak verstopfte Nase, die einer schwabbeligen, wie ein grober Kerl schnarchenden Frau gehört, ist höchst abstoßend. Bei jedem Halt brachten ihnen die männlichen Angehörigen – die im Gegensatz zu den Frauen trotz ihres Fes weibisch aussahen – neu-gekaufte Süßigkeiten, Kaffee, Obst und Gewürze zum Kauen.

Sie hatten viel gegen die Katze einzuwenden, die sich an mich schmiegte. Waren sie neidisch auf ihre schlanke Linie, auf ihr Gesichtchen, das sich hinter der geschmeidigen, mit dunklen Armbändern geschmückten Pfote vor der Welt verbarg? Sie hatten keinen Grund für ihre Ablehnung, im Gegensatz zu einer grauhaarigen Missionarin, mit der ich einmal auf einer Nachtfahrt ein Abteil zweiter Klasse teilte, weil ich mich nicht wohl fühlte und Bequemlichkeit und Schlaf brauchte. Auch sie war müde, und mit amerikanischem Tonfall warnte sie mich sogleich, daß sie Katzen nicht möge und daß Tiere in der Eisenbahn nicht mitgeführt werden dürften. Ich bekam es mit der Angst. Ach, diese Reise in der zweiten Klasse! Ti-Puss wollte mit ihrem Miauen nicht aufhören, das sonst immer nur ein paar Minuten dauerte und bedeutete: „Ist das notwendig, wirklich notwendig?" Diesmal miaute sie, wie eine Uhr tickt, ohne Unterlaß! Von Minute zu Minute hoffte ich, sie würde aufhören, da ihr ja meines Wissens nichts fehlte. Die Dame war sehr ungehalten – mit Recht, ich nicht minder –, so daß ich mich schließlich auf den Abort zurückzog, wo ich die ganze Nacht saß, das endlich ruhig gewordene Kätzchen auf dem Schoß. Ich wollte in mein Abteil zurückkehren; doch sogleich hob sie wieder ihr rührendes Geschrei an. Und da gibt es Menschen, die den Wunsch hegen, ihre Tiere könnten sprechen! Mir ist es mehr als einmal so vorgekommen, als ob sie es ohnehin tun. Ich behaupte auch, daß Kätzchen, die ja die Welt lieben, den Inbegriff der Freude bilden und daß die leiseste Geste des Wohlwollens von unserer Seite sie in Entzücken versetzt. Aber es klappt nicht immer!

Je weiter der Zug fuhr, um so mehr veränderte sich das Aussehen der neuen Fahrgäste. Ich gewahrte nicht mehr braune Menschen in weißer Baumwollkleidung, sondern hellere Personen, die wärmere und schmutzigere Kleidung trugen wie Tweed, wollene Tücher, verschlissene Mäntel. Ich erinnere mich an eine blendende Schönheit mit langen dunklen Wimpern, baumelnden Ohrringen und einem funkelnden Diadem, das vorn einen Silberschnabel wie die ägyptische Uräus-Schlange hatte. Hier erblickte ich in Fleisch und Blut, wovon die alten Dichter gesungen und was die Künstler in Ajanta gemalt haben. Aber ihre langärmelige Bluse war schmutzig, und der bräunliche Samt ihrer weitbauschigen Hose glänzte abgenutzt und abgetragen. Sie reiste allein und machte einen traurigen Eindruck. Ihre Nachbarin hatte den goldbestickten dunkelblauen Sari rings um die Beine mit Metallklammern gesichert, wie Radfahrer sie tragen.

Trotz der offensichtlich großen Unterschiede zwischen den Völkern wurde ich öfters an Reisen erinnert, die mich durch Russisch-Turkestan geführt hatten: Die Langsamkeit des Zuges in der weiten Landschaft, die fieberhafte Hast, mit der die Menge einen Zug bestieg, und die Vielfalt der Rassen, die sich drängten und stießen, all das war sehr ähnlich.

In Raipur befanden wir uns in einem Haus mit Teppichen und Vorhängen, Sesseln und Kissen. Das weichste Polster wurde von meiner Katze mit Beschlag belegt, als ob sie, wie ich zu meiner Freude sagen kann, immer in großem Stile gelebt hätte. Auf dieselbe königliche Art nahm sie Jane als gegeben hin. Jane war eine große, goldfarbene Setter-Hündin mit einem kräftigen Schwanz, der geräuschvoll an alle Möbelstücke schlug.

„George, was meinst du?" fragte ich. „Muß ich Puss im Lager an meine Zeltstange binden – wegen der umherschleichenden Tiger?"

„Bestimmt wird deine Katze die Tiger mit ihren glühenden Augen, die größer sind als ihr Gesicht, verscheuchen!"

George, mein früherer Gastgeber in Gilgit und Indor, war britischer Geschäftsträger. Er erzählte mir vom Staat Bastar, einem Gebiet so groß wie Belgien, wo wir unter Bisons, Hirschen, Panthern und Tigern kampieren sollten. In der Hauptstadt Jagdalpur sollten wir bei dem jungen Maharadscha wohnen und die Bisonhorn-Tänze der Muria sehen. Und wenn ich bloß mein Studium der Hindu-Weisheit aufgäbe, fügte George hinzu, könnte ich meine ethnologischen Studien bei Verrier Elwin wiederaufnehmen, der bei dem nahen Tschitrakot-Fall arbeitete.

Während George und Nancy bei Sonnenuntergang zum Klub gingen, machte ich mit Ti-Puss einen Spaziergang. Unser Haus lag an der Landstraße, am Ende des Ortes; dann kam eine weite Strecke dürrer Erde, die wie der Boden einer trockenen Lagune aussah, wo man spielen konnte, man wäre in einer grenzenlosen Wüste. Wir jagten einander, wir streckten uns im Sand aus und lauschten den urzeitlichen Stimmen der Kröten in einem fernen Kanal. Wie freute es Ti-Puss, sich hinter einem Busch zu verstecken und mir ans Bein zu springen, wenn ich vorbeischritt!

Aber ich streifte auch gern in der anderen Richtung umher. Hinter unseren Nebengebäuden war ein Holzhof voller baufälliger Schuppen, alter Mauern und bemooster Bäume, wo die aufgeregte Ti-Puss ihren Weg sehr sorgsam erschnüffelte. Wenn mich die Essensglocke überraschte, mußte ich die Katze dort auf einem Balken unter Fledermäusen zurücklassen, während ich über die Mauer unseres Gartens kletterte. Zur Kaffeezeit war sie wieder auf ihrem Kissen, putzte sich nach einem guten Fleischmahl und schaute mich an, als wollte sie sagen: „Endlich werde ich mit gebührender Rücksicht behandelt."

Doch eines Nachts, als der Vollmond die Erde in ein kaltes blaues Licht tauchte, war es schon Mitternacht, und ich fand mich immer noch allein in meinem großen, stillen Zimmer. Das war noch nie vorgekommen. Kein zartes „Mie...!" beantwortete meine Rufe. Kläffende Schakale und kreischende Eulen ließen an die Schrecken denken, die mein Haustierchen bedrohen mochten.

Da wir am nächsten Morgen zu unserem Lager in Amrati aufbrechen wollten, lief ich schließlich zwei Stunden herum und suchte sie. Ich lenkte meine Schritte wieder zu der traumhaften trockenen Lagune, die einsam im Schweigen von tausend Sternen lag, und ich hoffte und hoffte immerzu, daß ich bald den lebendigen Pelz an meinem Bein spüren würde. Was wollte der Wind mir sagen, der an meinen unbedeckten Oliven vorbeipfiff? Hatte er sie gesehen? Später, als ich den Holzplatz absuchte, sprach der Wind, der die großen Bäume marterte, in harten, gefährlichen Stößen.

Als ich am Morgen aufwachte, war ich in meinem feindseligen Zimmer immer noch allein. Es war nun nicht mehr nötig, eine Katze an einer Zeltstange festzubinden. Aus Delhi traf Peter ein, der ehemalige Etonschüler. Als er aus dem Auto stieg, begrüßte ich ihn nach jahrelanger Trennung mit den Worten „Guten Tag, Peter. Ich bin so traurig, ich habe soeben mein Kätzchen verloren!" Die Engländer lieben Tiere. Er verstand mich und antwortete mitfühlend: „Das tut mir leid. Was läßt sich da machen?"

Nichts ließ sich machen. Zwölf Tage lang sollte ich dreihundert Kilometer entfernt sein. Für diese Zeit waren Georges Diener beurlaubt, und die zurückkehrende Katze würde ein geschlossenes Haus vorfinden.

Wie fehlte mir ihre anregende Gesellschaft, die ich sechs Monate lang gehabt hatte! Aber jetzt war es die Katze, um die es ging, nicht ich. Es war ihr etwas zugestoßen. War sie mondsüchtig, daß sie sich so weit entfernt hatte? Ich konnte es nicht glauben, daß sie in einem jähen Entschluß fortgelaufen wäre, und läufig war sie noch nicht. Sie war es gewohnt, bei mir Schutz zu suchen; doch nun würde sie unser Fenster verrammelt finden; sie würde sich in ihrem Vertrauen zu mir getäuscht fühlen. Ja, sie wartete auf mich, brauchte mich zweifellos. Bei meiner Rückkehr von Jagdalpur würde ich sie vorfinden – tot oder lebendig.

Während unseres Lagerlebens staunte ich über die „Autonomie" der vielen wilden Tiere, die alle mit völliger Unverfälschtheit eine andere Daseinsmöglichkeit ausdrücken. Jedes konnte geliebt werden, da es auf seine Weise schön war. Da war der düstere, primitive Eigensinn des Bisons, der geschäftsmäßige Trab der aasfressenden Hyäne, die atemraubende Majestät des Hirsches, die Zeitlosigkeit unseres gezähmten Elefanten, die leichte Behendigkeit flüchtender Affen, die gewichtige Kraft und Herrschsucht des Tigers, vor allem aber die vollkommene Eleganz des Panthers. Später freute ich mich, daß meine Kugel den Panther verfehlte. Ich hatte ihn in der Dämmerung eine Stunde beobachtet: Wie eine stille Woge blassen Lichtes war er unter dem Baum, auf dem ich saß, vorbeigestrichen. Er war das Sinnbild unvergleichlicher Katzenhaftigkeit, nicht der Tiger. Seine Wesensart weckte meine ganze Liebeskraft. Sicher hätte meine Leidenschaft dieses lebendige Wunder zähmen können, anstatt es mit einem Fehlschuß zu erschrecken ...!

Wie herrlich müßte es sein, in Freundschaft unter vielen Tieren zu leben, deren jedes auf andere Weise die eine gleiche Wahrheit verkündete: „Leben ist!"

Ja, Katzen spielen in meinem Dasein eine Rolle. Aber was bedeuten sie im Buch der Symbole, das unsere Welt ist? Beweist nicht die Katze die Schönheit äußerster Unmittelbarkeit, die Leichtigkeit, die aus vollkommener Sammlung erwächst, die unbedingte

Ganzheit eines Geschöpfes, welches in der Gegenwart zu leben weiß, die in Wirklichkeit Ewigkeit ist?

Und ich, belastet von meiner Vergangenheit oder meiner Zukunft, gelähmt durch mein Zaudern, ich betete die durch die Katze versinnbildlichte Vollkommenheit an. Kurzsichtige Menschen mögen glauben, daß ich ein Tier anbetete ... mit dem gleichen Unverständnis sind sie überzeugt, daß die Inder den Phallus anbeten.

Nach Raipur zurückgekehrt, zerstreute sich unsere Gesellschaft nach vielen Abschiedsrunden, bei denen ich meinen neckenden Freunden zu beweisen versuchte, daß meine metaphysischen Forschungen befriedigender waren als meine früheren rein physischen Bemühungen.

Ich blieb noch, suchte Spuren meines Kätzchens, ging allein an jeden Ort, wo wir gemeinsam gewesen waren, rief die zärtlichsten Worte in alle vier Weltrichtungen, befragte kühn jeden Vorbeikommenden in der Hoffnung, es würde bald bekannt werden, daß ein Kätzchen gesucht wurde.

Wie hüpfte mir das Herz, als ein Holzfäller sagte, er habe das Tierchen auf dem Dachbalken eines Schuppens gesehen! Ich lief hin und rief ... und erblickte nur einen einäugigen Kater, der mich höhnisch anfauchte.

Am dritten Tage beschloß ich, die Suche aufzugeben. Ti-Puss konnte nicht mehr am Leben sein. Meine Augen und Ohren waren abgestumpft vor Überanstrengung; ich hielt jedes Kreischen für einen Notschrei, jeden aufrechten Stein für meine sitzende Katze, jeden bewegten Schatten für ihr angstvolles Schleichen. Dennoch bat ich plötzlich George und Nancy, als sie zum

Klub fuhren, mich zwei Kilometer vom Hause entfernt abzusetzen; es sollte meine letzte Katzensuche sein. Es wurde Zeit, mich aus dieser gefühlsmäßigen Verstrickung zu befreien. Wie lautete die Lehre? Liebe entsteht aus mir, ist mein Ich; darum „bleibt" die Liebe, wenn das geliebte Wesen nicht mehr da ist ... ja, durchaus, das sollte ich selbst erleben.

Wie ein Automat folgte ich der Mauer eines großen Gartens und wiederholte meinen Singsang: „Ti-Puss! Komm zu mir! Wo bist du, mein Liebling?" Ein Gärtner antwortete, seit einer Woche säße ein verwundetes Kätzchen außer Reichweite wimmernd in einem Strauch.

Ich rannte zu einem Loch in der Mauer, rannte zu dem Strauch, immerzu rufend. Ehe ich mich niedergekniet hatte, antwortete mir ein kehliges „Mau". Ein Knochenbündel hinkte auf mich zu – verstörte Augen und Ohren größer denn je über einem mageren Vogelhals. Himmel, welch ein Anblick! Was für ein leichtes Körperchen!

Aus der Kehle meines Lieblings kam ein lautes Geräusch, das mehr ein Schnarchen als ein Schnurren war. Bisweilen drückte sie ihre feuchte Nase an meinen Hals, wie um zu sagen: „Ja, du bist es, du, endlich!"

Die Tage des Kummers hatten uns für dieses große Fest des Herzens bereitgemacht. „Ich brauche dich, mein Kleines, ich kann ohne dich nicht sein. Und schau, wie sehr du mich auch brauchst!"

Ihr linkes Schlüsselbein war gebrochen; aber ich fand keine Wunde. Bedeutete das, daß die Verletzung von einem Stockhieb stammte? Der alte Gärtner wußte von nichts.

Ich fand einen runden Korb, borgte mir ein Fahrrad aus, traf den Tierarzt zu Hause an. Der Knochen würde heilen, sagte er; aber vielleicht würde sie für immer lahmen. Sie knurrte wütend, als wir ihr einen Gipsverband anlegten.

Wie glücklich war ich, daß ich sie noch dieses letzte Mal gesucht hatte! Sehr stark fühlte ich, daß uns ein Vertrag bindet, wenn wir ein Tier annehmen. Das Tier glaubt höchst wahrscheinlich, daß wir allmächtig seien und verantwortlich für alles Gute und Böse, das ihm begegnet; es wird uns seine Schönheit, seine Freuden und Leiden entgegenbringen, wenn wir unsere Pflichten ihm gegenüber nicht vernachlässigen. Sonst „verfehlen wir den Anschluß“ und haben keinen Zutritt zu seiner Welt, die dazu da ist, unser Erleben zu bereichern. Doch um zu verhindern, daß aus diesem Vertrag der Wunsch wurde, ein Geschöpf zu besitzen – ein Wunsch, der mich versklaven würde –, beschloß ich, das Tier als ein täglich neues Geschenk zu betrachten, ein Geschenk, das mit Dankbarkeit entgegengenommen werden mußte.

ACHTES KAPITEL

Benares

„Wer darin badet, so wird uns versichert, ist von allen Sünden geläutert. Wer davon trinkt oder sich nur den Mund spült, wird feststellen, daß alles drohende Unheil vergeht. Wer darin ertrinkt, wird unter den Göttern wiedergeboren. Unzählige Männer und Frauen versammeln sich fortwährend an seinen Ufern", schrieb Hiuan Tsang über den Ganges, das Wasser der Glückseligkeit, auf einer Pilgerfahrt, die er im siebenten Jahrhundert unternahm.

Als ich von Mughalsarai durch den blaugrauen Nebel des Morgens kam, gewahrte ich als erstes eine große Balkenbrücke, die sich zum linken Ufer spannte, das stromabwärts grün von Bäumen war, stromaufwärts aber golden von der aufgehenden Sonne, die die nach Osten gerichteten Häuserfronten traf. Und dort erhoben sich, ganz unvergeßlich, die hohen Minarette der Moschee Aurangzebs von einer kahlen Fassade, die gerade über dem Flußufer stand. Der Islam war in der Metropole des Hinduismus zu Hause.

Unter der Brücke, doch immer noch im geheiligten Gebiet der Stadt, fuhren wir durch Brachland, das ein paar große Bäume sprenkelten, an den Ruinen von Kapellen und Gräbern vorbei, auch an einigen verstreuten Häusern und den Gebäuden der Rajghat-Schule.

Ethel, meine Gastgeberin, die an einem landwirtschaftlichen Wiederaufbauplan mitarbeitete, bewohnte eine der kleinsten Villen mit einer Veranda und einem flachen Dach. Dort machte ich jeden Morgen, sobald die Sonne den Nebel durchdrang, aus dem Dach eine Katzenklinik. Ti-Puss konnte zwar humpeln, aber ich schätzte das nicht: Der Gipsverband scheuerte durchs Fell hindurch ihre Haut, so daß er zwei Wochen später mehr schadete als nützte und vom Tierarzt aufgeschnitten werden mußte.

Um in die Stadt zu gelangen, mußten wir über die große Brücke beim Bahnhof Kashi gehen, wo man eine *Ekka* mieten konnte, eine kleine Plattform auf zwei Rädern mit Baldachin, die von einem Pony gezogen wurde. Immer weiter gingen wir durch eine baufällige Vorstadt und von niedrigen Läden gesäumte Straßen. Ein Palast ragte aus einem Trümmerfeld; arme Leute schliefen auf einem Platz; das Pflaster war unregelmäßig oder fehlte, und viele Gassen waren für einen Karren zu schmal. Wilde Hunde, wilde Kühe und wilde Männer strolchten umher; aus manchem Winkel drang plötzlich Weihrauchduft.

Obwohl diese Welt mir neu war, konnte ich ihr nicht unbefangen entgegentreten, weil ich herauszufinden trachtete, woran sie mich erinnerte. Endlich wußte ich es, als wir die innere Stadt erreichten, wo sich Menschenmassen zusammendrängten. Das größte Gebäude in dem Bilde war das Polizeipräsidium ähnlich der Lubianka in Moskau. Auch dort war das Leben reich an Gegensätzen, und an den unwahrscheinlichsten Orten drang einem Weihrauchgeruch entgegen.

In Benares trugen einige Frauen schwere Spangen an den Füßen, die mit Henna orange gefärbt waren. Unvermittelt begegnete man einem Kamel oder einer Prozession girlandengeschmückter Pferde. Alle möglichen Rassen mischten sich in den engen Gassen von Kashi – so nennen die Hindus diese Stadt –, Buddhisten aus Nepal, Tibet, Burma oder Ceylon, die dort weilen wollten, wo Buddha gelehrt hatte, Hindus aller Kasten auf der Pilgerfahrt zum heiligen Fluß, Pathan-Geldverleiher in ihren weitbauschigen Hosen mit dem Stock in der Hand. Was Benares auch sonst sein mag, diese Stadt ist entschieden ein brodelndes Geschäftszentrum.

Jede Bude, jeder Laden an den unzähligen Gassen scheint überfüllt zu sein von Schiebern, Spekulanten, Händlern und Projektmachern, die fett werden von den vielen Pilgern, welche sich in ihren wohlvorbereiteten Fallen fangen.

Zuletzt erkannte ich, daß dies die verkehrte Seite des Bildes war. Die Vorderseite war die Flußgegend, obwohl dort Mauern und Häuser in Trümmer fielen.

Jeden Abend ergriff Ethels Diener Holzstangen, um unsere Moskitonetze aufzuspannen, und jedesmal knurrte Ti-Puss grimmig und kroch zitternd, mit eingeklemmtem Schwanz fort, wie um zu sagen: „Das war bisher mein schlimmstes Erlebnis!“ Ihr ganzes Leben lang sollte sie fortlaufen, wenn sie einen Mann mit einem Stock sah.

Auf dem kiesigen Strand unter Ethels Bungalow lernte die graue Katze das Wasserelement in seiner ganzen Fülle kennen. Stundenlang betrachtete sie diesen hellen Fluß, versuchte zu verstehen, was sich damit machen ließ: Ein Ding, das lebendig war, da es sich bewegte, das man jedoch nicht zu greifen vermochte, wenn man mit der Pfote danach schlug. Ich pflegte in diesen kühlen Wassern zu schwimmen – jede kleine Welle war himmelblau auf der einen Seite, karamellfarben auf der anderen –, ruhte dann eine Weile auf ei-

Die Moschee Aurangzebs in Benares, das Wahrzeichen des Islams in der Metropole des Hinduismus.

ner Sandbank mitten im Fluß aus und genoß die Stille und die Weite des Horizonts. Sogar ein Zug, der in der Ferne über die Dufferin-Brücke dampfte, war schön. Einzig die Sorge, daß ich die Katze vielleicht allzu lange suchen müßte, brach den Zauberbann dieses großartigen Flusses.

Die größte Freude hatten wir an der Flußseite, wenn uns Raymond, der Fotograf, mit seinem Außenbordmotorboot abholte. Ich sage „wir", weil die Katze während der zehn Kilometer weiten Fahrt stromaufwärts gespannt am Dollbord lehnte, mit dem Schwanz regelmäßig taktschlagend, und niemals die Augen vom linken Ufer wandte. Ich merkte, daß sogar der lustige Raymond von ihrem Charakter beeindruckt war.

Bevor wir die Höhe der Stadtmitte erreichten, kamen wir an den Wäschern vorbei, die ihre Wäsche auf Steinen ausklopften, während ein großes Schachbrett von Kleidungsstücken am Ufer trocknete. Im Januar ist der Wasserspiegel niedrig. Dort, ganz nahe, sah die große und stolze Moschee von Aurangzeb, dem Mogulenkaiser, wie eine Herausforderung an den Hinduismus aus.

Die kleine dreieckige Vertiefung nahe am Ufer, wo Rauchschwaden die Leichenverbrennungsstätte anzeigten, war nie außer Gebrauch. Nachts war der Anblick besonders schön: Als ob sich fröhlich funkelnde Rubine in dem still fließenden Strome des Lebens spiegelten. Männer mit langen Stangen nahmen, rötlich angestrahlt von der Glut, die rauchige Verbrennung unnötiger Überreste vor; der Wind brachte uns einen zart süßlichen Geschmack in den Mund. Damals betrachtete ich es auf eine losgelöste Weise. Aber heute fühle ich mich damit verbunden: Sieben Jahre später sollte dort der Leib des Dichters Lewis zu reiner Asche werden. Kein anderes Schicksal hätte wunderbarer sein können für diesen Mann, der, nachdem ihn das unablässige Feuer seines Geistes langsam verzehrt hatte, plötzlich von den Sonnenstrahlen getötet wurde, dem Sinnbild, das in seinem Leben am höchsten gestanden hatte.

In dem menschenwimmelnden Teil der Ghats von Benares – „Ghat" sind die mit Tempeln, Palästen, Pavillons und Badeplätzen eingefaßten langen Badetreppen, die zum Gangesufer führen – war Stufenreihe um Stufenreihe mit männlichen und weiblichen Sadhus, echten und falschen, gefüllt, die unter ihren strohgeflochtenen Sonnenschirmen saßen. Verfallene Mauern aus massivem Gestein, ausgemeißelte oder in Stuck hergestellte kegelförmige Schreine standen schräg, manchmal halb im Fluß ertrunken; sie gemahnten an den Verfall mitten im pulsenden Leben. Stolze Steinpaläste, die den festen Teil des Ufers bildeten, trugen die Namen der größten indischen Maharadschas. Hierher kamen ihre Besitzer – wie die meisten Besucher von Benares – zeitweise, um über den Tod nachzudenken und sich darauf vorzubereiten, ehe es zu spät war.

Als das obere Ende der Stadt in Sicht kam – ein Feld und eine Gruppe von Bäumen –, steuerten wir auf Rewa Koti zu, einen hohen Palast, so gebaut, daß er den Jahrhunderten trotzte, und zwei abgerundeten Ecken, die wie Burgverliese aussahen. Die untere Hälfte des Gebäudes bestand aus einer wuchtigen Mauer, die den starken Wellen eines steigenden Stromes standhalten konnte. Höher oben zeigten die beiden Hauptstockwerke Sockel, Kranzgesimse und Fenster mit Steinarabesken. Darüber sah man die Brustwehr der flachen Dächer.

Dieses Schloß bewohnte Raymond gemeinsam mit dem Gelehrten Alain. Auf den Terrassen verbrachte Ti-Puss eine herrliche Zeit, indes Raymond ihr viel Aufmerksamkeit schenkte, Nahaufnahmen mit seiner Leica zu machen versuchte, ihr auf den Knien nachrutschte (trotz seiner indischen Kleidung) und ihr das Band entgegenstreckte, das ihm den richtigen Abstand für seine Linse angab. Es machte mir immer Spaß, meinem Kätzchen zuzusehen, wenn es tat, als ob es die Person, die ihm besondere Beachtung schenkte, gar nicht bemerkte.

Was für einen Schnitzer beging ich in diesem großen Gebäude! Um sicherzugehen, daß Ti-Puss mir in einem abermaligen neuen Hause gut folgte, hatte ich mir einen duftenden Fischschwanz verschafft. Diesen Fischschwanz hielt ich ihr gerade im Galazimmer vor die gierige Nase, als ich plötzlich Alain erblickte. Er nahm etwas Sandelholzpaste von einer Kupferplatte, die sein Priester, ein Brahmane, soeben hereingebracht hatte, nachdem der Mittagsgottesdienst in der im Hause eingebauten Schiwa-Kapelle stattgefunden hatte. Alain lächelte wie gewöhnlich; er war viel zu höflich, mir meine entweihende Anwesenheit zum Vorwurf zu machen. Von einem braven Kätzchen gefolgt, lief ich so schnell wie möglich hinaus. Ich wagte Alain nicht zu fragen, ob er den Raum und sich selbst nach meinem Durchgang reinigen mußte!

In Rewa Koti saßen wir, die Katze und ich, auf einem Kissen und betrachteten den Fluß. Assi Ghat, das Ufer, an dem wir wohnten, wurde von Leuten benutzt, die ein ruhiges Leben liebten. Einsam meditierte ein nackter Mann im Schatten seines Schirmes; mir fielen seine stark verflochtenen Haare auf, das Kennzeichen einer besonderen Jogi-Klasse. Ein älterer Mann mit Hemd und Brille unterrichtete eine Gruppe wohlhabender Frauen unter einem weißen Sonnenzelt. Zwei Pilger in einer Familiengruppe trugen eine große Platte mit lauter Blumensträußen, die zu einer langen Schlange zusammengebunden waren. Es war eine süßduftende Girlande, die auf den heiligen Fluß gelegt werden sollte, und die Leute stiegen zu diesem Zweck in ein Ruderboot. Die Spenderin war eine dicke, tief verschleierte Frau, die unter einem von vier Personen gehaltenen vierseitigen Schirm schritt. Von meinem Fenster aus konnte ich ihren Taillenumfang sehen.

In diesen Tagen hörte ich nicht wie sonst ein fernes Trommeln, diesen dunklen Pulsschlag Indiens, weil ich fortwährend im Banne klirrender Zimbeln war, die achtzehn Stunden am Tage an Bord des nächsten Hausbootes geschlagen wurden; sie begleiteten den eintönigen Gesang „Sita-Ram Ki Jai! Sita-Ram Ki Jai!" rings um den alten und dicken Heiligen Harihara Baba, der nackt auf dem Dach seines Bootes saß. Er sah vorgeschichtlich aus mit seinem gebeugten und sehr braunen Rücken, der über seiner umfangreichen weißen Bartmähne schimmerte; auch sein unbeweglicher kahler Schädel schimmerte. Allein die Tatsache, daß er so nahe war, wäre eindrucksvoll gewesen, auch wenn ich nicht von gewissen Wundern gehört hätte, die er vollbracht hatte. (Meine Nachbarin in Tiruvannamalai, eine reiche Parsin, hatte ihn besucht, und entgegen aller Wahrscheinlichkeit hatte er richtig vorausgesagt, daß sie binnen eines Monats wiederkommen würde.)

Er war blind infolge seiner vierzig Jahre lang ausgeübten Konzentration auf die Bedeutung der Sonne im Hinduismus; dabei hatte er fortwährend im Ganges gestanden, wo die Sonne durch die Reflexion stärker ist als an Land. Da dann alle Ablenkung vermieden ist, weil die Sammlung total wird, ist das Ziel erreicht:

Staune nicht, stehe, verstehe!
Die Sonne, die Sonne! Das Auge!
Stehe auf einem Bein und schaue
Und werde so wahrhaft blind!

Frühmorgens wurden wir meistens durch gesungene Beschwörungen geweckt: Dem Ufer entlang schritten Sadhus in ernster Stimmung zum Fluß, um ihr rituelles Bad zu nehmen. Waschungen, Opfergaben, Untertauchen ... das war äußerst wichtig. Aber es hatte nichts mit unserem fröhlichen Strandleben im Westen gemein. Freude, Gemeinschaft, Befreiung werden tief empfunden, wenn der Körper nackt ist und ganz von Wasser oder Wind berührt wird. (Wie gut erinnere ich mich des sinnlichen Gefühls der Reinheit, wenn ich daheim in unserem See um Mitternacht ganz allein nackt schwamm.)

Die waagrechten Sonnenstrahlen trafen einen dieser Männer in kauernder Stellung, nur bekleidet von dem neuen Licht, während er sich mit Sand abrieb. Er hatte einen jungen Körper, einen vornehmen Bart und ein kraftvolles Gesicht, das geistesabwesend blieb, obwohl er, glaube ich, das unhöfliche Klicken meiner Kamera hörte.

Zu dieser frühen Stunde blickten alle Männer und Frauen am linken Ufer von Benares gen Osten und zum gegenüberliegenden Ufer: Dort über dem breiten Fluß schienen weite Schlammflächen von dem Unendlichen zu sprechen, das allen Anbetern der Erlösung am meisten am Herzen liegt.

Von vorn gesehen, ist Benares ein Vorraum des leiblichen Todes.

Geht man abends die dunkle Ghat hinab, unter den Zweigen des Pipalbaumes, der zwischen seinen Wurzeln heilige Steine schützt, über diese großen Stufen hinab zu dem dunklen Flusse, so fühlt man sich am Rande des Jenseits.

Diese meilenweiten schloßähnlichen Gebäude, die sich über der Landschaft türmen ... Welch eine Umgebung für Menschen, die beschlossen haben, nicht zu sein!

NEUNTES KAPITEL

Zwischenspiel in Vellore

Auf der Rückreise nach Tiruvannamalai sahen wir uns in Katpadi Junction allein im Wartesaal. Da wir aus dem Norden kamen, erschien mir die Hitze plötzlich unerträglich, ebenso die Moskitos. Das Hemd klebte wieder am Leib, die Haare wurden strähnig, die Kopfhaut juckte, ein Schweißtropfen erneuerte sich fortwährend unter dem Kinn, der Nacken sehnte sich nach einem kühlenden Luftzug, und wieder lechzte der Körper nach seinen täglichen zwei Bädern, die dort für arm und reich eine selbstverständliche Gewohnheit sind.

Ich spannte mein Moskitonetz für die Nacht über die hohe Rückenlehne einer Rohrbank und steckte es unter meinen geöffneten Schlafsack. Ich schaltete das Licht aus, da es alle die summenden Moskitos anzog, und dann war ich bereit, mit der matten Katze neben mir, deren Vorderpfote in einer Schlinge war, einzuschlafen. Doch nach einer Weile schreckte mich ein rätselhaftes Geräusch sehr nahe bei einem Kopf auf, und ich erhob mich, um die Sache zu untersuchen: Es war die Hungerklage von Hunderten und aber Hunderten von Wanzen, die scharenweise mein Netz verdunkelten und herunterdrückten. Das Licht und meine Kriegsführung zwangen sie zum Rückzug. Ich schüttelte das Netz aus, desgleichen jeden Gegenstand, den ich besaß, vermied es jedoch, sie zu töten, nicht aus buddhistischem Mitleid, sondern weil ihr Gestank besonders ekelerregend ist, wenn sie verhungert und hohl wie ausgetrocknete Krabbenpanzer sind. Ein Leben Buddhas fand dadurch ein Ende, daß er einer Tigerin zum Fraß wurde; wie schön und rasch muß dieser Tod gewesen sein! Hätte er das gleiche Schicksal durch Wanzen erleiden können? fragte ich mich. Dieses Ungeziefer ist noch widerlicher als Flöhe oder Läuse, weil man es nie ganz los wird.

Den Rest der Nacht verbrachte ich auf einem Stuhl, der mitten in dem gut erleuchteten Raume stand, wedelte Moskitos weg und beneidete die Katze um ihren Schlaf.

Mit einer Schmalspurbahn fuhren wir nach Vellore, wo ich den ersten Autobus nach Tiruvannamalai versäumte, weil ich mir einen himmelblauen Sari für Festtage erstand. Der nächste Autobus war schon da, obwohl er erst zwei Stunden später abfuhr. Ich sicherte mir einen Platz, stellte meinen Koffer darauf und band Ti-Puss wie üblich daran fest; denn hier hatte sie mehr Ruhe als in dem überfüllten Café, das mich lockte.

Dort schrieb ich Lewis einen Brief, in dem ich ihm mitteilte, daß ich den Panther verfehlt hatte, so daß er kein Pantherfell erhielt, auf dem er wie die alten Rishis hätte meditieren können.

„Der freie Tiger ist eine Pracht, und da ich weder der Dichtermaler Blake noch du bin, wäre ich niemals imstande gewesen, ihn mir richtig vorzustellen. Er ist so kraftvoll, daß man hauptsächlich den Eindruck von massiver Schwere oder mächtiger Geballtheit hat. Die dicken Beine, die wie Keulen sind, erscheinen kurz für einen so umfangreichen Leib. Der Panther dagegen ist wie eine Prinzessin, dünn, nervös, überaus elegant. Mit wunderbarer Majestät verscheucht er allein durch sein Erscheinen die großsprecherischen Geier, die sich um seine Beute vom vergangenen Tage zanken. Seine hohen Beine verleihen ihm geschmeidige Flinkheit, aber auch große Kraft, die Kraft des Champions, der ohne Anstrengung gewinnt. Nicht so unser großer Herr, der Tiger, der wie ein Meisterringkämpfer mit überentwickeltem Körper ist.

Folgendermaßen ging es zu: Nachmittags bestiegen wir unseren Ansitz, einen an drei Ästen festgebundenen Tscharpoy. Die hohe Leiter wurde von barfüßigen Eingeborenen entfernt und gut versteckt. Wir hatten gute Sicht, da das Unterholz nur aus spärlich wachsenden, dünnen Salbäumen bestand. Lange Zeit herrschte Friede; denn der Tiger schlief noch nach seiner reichlichen Mahlzeit des Vortages. Dann kam eine sehr passende Ouvertüre: ein fernes, schwaches Schlagen. Nach einer Weile vernahm man Hörner, später Rufe, dann Stockschläge gegen Baumstämme oder Holzbretter, die junge Männer um den Hals trugen – über zweihundert Treiber waren es, glaube ich.

Trockenes Laub raschelte plötzlich, wo Affen leichtfüßig flüchteten; eine hellgestreifte Hyäne wurde sichtbar. Dann ging etwas zu unserer Rechten bergauf ab; aber ein Treiber trieb es herunter und auf uns zu. Jetzt erschien es hinter einem Felsen, trabte einen Weg entlang ... der Tiger! Peter schießt, das Tier überschlägt sich, richtet sich auf, strauchelt, dann kriecht es und stöhnt schauerlich, kriecht über einen gestürzten Baumstamm – seine letzte Bewegung! Sehr langsam und schlaff sinkt es über dem Baumstamm zusammen.

Die Treiber werden herbeigerufen; sie kommen, und wir scharen uns um das große Tier. Es ist tot. Fliegen setzen sich an den großen Augen fest. Ich hebe die mächtige Tatze auf, einen Schmiedehammer aus

Fleisch mit Krallen am Ende einer kurzen und gedrechselten Knochensäule. Viele Zecken tauchen aus dem Fell und rennen fort: Zweifellos ist das Blut durch den Todesschrecken abstoßend geworden. Der Tiger mißt drei Meter. Die Treiber ruhen sich aus; sie beugen das eine Knie, so daß der Fuß am anderen Schenkel lehnen kann; sie sind nackt bis auf einen kleinen Blätterschurz und haben die Axt geschultert. Der Tiger wird dann auf einer Leiter fortgetragen. Sein Fett wird als Einreibemittel gegen Rheumatismus benutzt werden, das gedörrte und gepulverte Fleisch zum Kräftigen schwacher Menschen, seine Schnurrhaare zum Vergiften."

Ich begab mich zu meinem Autobus ... und stellte fest, daß er als Sonderbus abgefahren war. Mein grüner Koffer stand mitsamt der Leine auf dem Boden; aber die Katze war nicht da. In seiner Angst hatte sich das Tierchen aus seinem Geschirr befreit. Straßenjungen zeigten auf ein langes Kanalisationsrohr am Ende der Haltestelle. Arme Ti-Puss, welch ein Schrecken! Was für eine Rabenmutter ich war!

Aber sie folgte meinem Ruf nicht. Ich bückte mich und sah sie ein paar Meter entfernt in der Dunkelheit. Ich flötete mit zärtlichster Stimme; ich wünschte, daß sie schnell käme. Eine kleine Menschenmenge schaute mir zu. Wie komisch wäre es gewesen, wenn ich nur nicht gerade in dem nassen Dreck gekniet hätte! Dies war immerhin eine gute Lehre, sich nicht mit dem Ich zu identifizieren! Ich tat so, als hätte ich Fleisch in der Hand – vergebens. Sollte ich auch den nächsten Autobus versäumen? Ich bat einen Jungen, etwas Milch zu holen, und benahm mich, als ob mir die Komödie Spaß machte, als ob ich ganz sicher wäre, daß mein kleiner Irrwisch kommen würde.

Schließlich mußte ich auf allen Vieren in den dunklen Tunnel kriechen, um sie zu packen. Im Autobus brauchte sie geraume Zeit, bis sie sich beruhigte. Inzwischen unterhielt ich mich mit meinem Nachbarn, einem älteren Anwalt. Er begeisterte sich für den alten Tamilenheiligen Tiruwalluwar und sagte: „Wenn man seine Vorschriften befolgt, kann man nie etwas falsch machen. Die erste heißt: Was du auch zu sagen hast, achte darauf, gütige Worte zu benutzen."

Ich versuchte es mit dieser Vorschrift; aber ich konnte es nicht länger als einen halben Tag durchführen. Mir wurden dadurch alle Möglichkeiten genommen, über meine Nächsten Bemerkungen zu machen, was ich mit Vorliebe tue, um mich davon zu überzeugen, daß ich scharfsinnig und gescheit bin!

ZEHNTES KAPITEL

Die Pfauenhütte

Nachdem Ti-Puss und ich nahe beim Aschram Unterkunft gefunden hatten, begann die ländliche Periode unseres Lebens in Tiruvannamalai. Abends machten wir keine Ausflüge mehr zu dem Swami auf dem heiligen Berg; ebensowenig blieben wir in der äußeren Einfriedung des großen Tempels, um den Frieden zu genießen, den die hohen Mauern schufen. Diese Mauern stützten in regelmäßigen Abständen Standbilder von ruhenden Stieren, die einen Schiwa geweihten Ort bezeichneten; nachts schwammen ihre massigen Silhouetten zwischen Sternen.

Drei verschiedene Spaziergänge liebte ich in der Umgebung des Aschrams: Zum Berg, zur Lagune und besonders zu dem Palakotto-Hain, der an den Garten des Weisen grenzte, wo die Sadhus in ihren winzigen Hütten lebten. Jeden Nachmittag bestand die Katze laut schmeichelnd darauf, ausgeführt zu werden, indem sie aufgeregt davonsprang und dann zu mir zurückkehrte. Ich glaube, sie genoß unsere Versteckspiel-Spaziergänge sehr und auch ihre leichte Angst, wenn wir neue Pfade entdeckten.

Doch Ehre, wem Ehre gebührt! Die Katze besuchte den Weisen! Eines frühen Morgens war sie plötzlich neben mir, als ich meine Sandalen vor dem Betreten der Halle an der Türe auszog. Sie mußte die Straße hinter mir überquert haben und mir, vorbei an den Gräbern heiliger Männer und an der alten Zisterne, wo viele Steinstufen zum Wasserspiegel hinunterführten, gefolgt sein. Ich ließ ihr ihren Willen. Als ich den Maharischi begrüßte, indem ich die Hände zusammenlegte, sprang meine freche Ti-Puss auf das Lager, auf dem der Weise all seine Zeit verbrachte. Der überraschte Maharischi, der Tiere sehr liebte, die zu ihm kommenden Eichhörnchen, Pfauen und Affen ebenso fütterte wie Lakshmi, die älteste Kuh des Aschrams, legte seine Zeitung beiseite, lächelte das dünne Kätzchen an und streichelte ihm den Kopf. Sicher hätte Ti-Puss mit ihm gespielt; denn alle Tiere benahmen sich bei ihm, als ob er ihnen „gehörte"; aber die geschäftigen Brahmanen, die in der Nähe des Lagers saßen, verscheuchten sie mit ihren Tüchern, obwohl sie mich sagen hörten: „Dies ist meine treue Gefährtin, die vom Baden im Ganges zurückgekehrt ist!"

Aus einem kühnen reizenden Geschöpf mit aufrechtem Schwanz und guten Absichten wurde sie eine haßerfüllte Masse gesträubten Felles.

„Warum habt ihr das getan?" fragte ich die Männer.

„Weil sie die Eichhörnchen jagen und töten wird!"

Wie üblich nahm der Maharischi an den Meinungsverschiedenheiten rings um ihn keinen Anteil. Er befaßte sich nur damit, die ihm von Besuchern gestellten philosophischen Fragen auf Tamil oder Telugu, in seltenen Fällen auf Englisch zu beantworten oder bisweilen den Sanskritvortrag eines psalmodierenden Jüngers zu verbessern.

Eine Stunde später erhielten die Insassen des Aschrams vom Postmeister Rajah ihre Post. Ich bekam unter anderm das erste Exemplar meines Buches „Leben ohne Rast", das ich dem Maharischi gewidmet hatte. Dieses Exemplar überreichte ich ihm nun, und da schämte ich mich plötzlich, weil ich das Buch oberflächlich fand.

Der Schutzumschlag zeigte mein Elternhaus am Genfer See und viele vertäute Rennboote mit gehißten Segeln. Als die langen, schönen Finger des Weisen diese geliebte Bucht umrahmten, die meine Jugendträume gewiegt hatte, erkannte ich, daß die Träume jener Tage mich ganz langsam zu Füßen seines allumfassenden Erkennens geführt hatten.

Als Wiswanatha, mein junger Sadhu-Freund, eintrat, sagte der Maharischi: „Hast du Ellas Buch schon gesehen?" und gab es ihm. Der Weise schien sich zu freuen; als er mich geradewegs, aber mit seinem „unpersönlichen" starren Blick anschaute, mußte ich wieder denken, daß ich noch nie eine so breite, klare und schöne Stirn gesehen hatte.

Daraufhin erzählte ich ihm von der Angst, die ich kürzlich ausgestanden hatte: Ich saß im Mondschein auf einem Felsblock in der Nähe des Aschrams und sah auf dem Pfad etwas leise dahintraben, das ungefähr die Größe eines Kälbchens hatte. Im Nu war meine mutige Katze hinterdrein; doch dann kroch sie zitternd zu mir zurück und blieb lange, lange unbeweglich neben mir. Konnte ein Leopard so groß sein und so nahe herankommen?

Durch sein jahrelanges Eremitendasein auf dem heiligen Berg wußte der Weise Bescheid über das Tierleben dieser einsamen Gegend. Ja, es konnte ein Leopard gewesen sein; aber Tatsache war, daß noch niemand auf dem heiligen Berg von einem dieser Tiere angegriffen worden war. Er selbst war eines Abends einem wütend knurrenden Leoparden auf dem Pfad begegnet. Dann folgte auf Tamil eine lange Geschichte von einer spitzbübischen Katze, die mit einer Gruppe heiliger Männer in einer Höhle gelebt hatte und imstande gewesen war,

Schachteln zu öffnen, und sie mit den Kniffen belustigt hatte, die sie erfand, um sich zu verstecken.

Obwohl in einem Kohlenbecken wohlriechende Kräuter verbrannten, wurde mir gegen Ende des Tages der Aufenthalt in der überfüllten, stickigen Halle meistens unangenehm. Zu dieser Zeit sangen sechs Brahmanenknaben Verse aus der Upanischad und Lobpreisungen der Entsagung. Dann ging ich oft zu der Stelle, wo ich den Leoparden gesehen hatte. Der Felsblock lag etwa zweihundert Meter hinter dem Aschram, und hier genoß ich, verborgen und allein in der weiten Welt, die kurzen Augenblicke des Sonnenuntergangs, dieser prunkvollen Entfaltung strahlenden Goldes, das unten am Himmel sehr dicht war, durchsichtig und silbrig wurde und in tiefes Blau überging, wenn man den Blick höher wandte.

Derweil erforschte die Katze sehr gespannt eine dunkelfelsige Unterwelt.

Manchmal deklamierte ich, wenn ich Heimweh hatte, Racine auf französisch. Das paßte zu dieser strengen steinernen Bühne, zu den Dornbüschen und den langen Quasten scharfkantigen Kampfergrases. Abends ward der Hintergrund tragisch, wenn das dürre Gras verbrannt wurde und hohe Flammen ganze Abschnitte des Berges rot färbten. Ich war sicher, in zwei Minuten schön zu weinen, wenn ich entweder *Bérénice* oder *La Prière d'Esther* zitierte:

mon souverain Roi!
Me voici donc tremblante et seule devant Toi!

Wenn Lewis zu mir kam, brachte er Rimbaud, Cocteau oder Valéry mit. *Narcisse* klang ein wenig fehl am Platz auf unserem heiligen Berg.

Toi seul, ô mon corps, mon cher corps,
Je t'aime, unique objet qui me défends des morts!

Eines Tages aber war ich nahe daran, richtig zu weinen: Als ich meine natürliche Festung verließ, war die Katze nirgends zu finden. Ich ging allein nach Hause. Da ich vor Sorgen nicht schlafen konnte, kehrte ich gegen Mitternacht mit einer Sturmlaterne zu meinem Felsen zurück. Ich hegte den Verdacht, daß Ti-Puss von der Riesenschlange erwürgt worden war, die einmal eiligst an mir vorbeigekommen war: Ein dicker, dunkler, runder Ast, der plötzlich wegschwamm oder fortglitt! Ich wußte, daß es unter einem Felsblock eine tiefe Höhlung gab, in der etwas knurrte! War es ein wilder Hund? Neben ausgetrockneten Knochen hatte ich ein zerfetztes Fellstück gesehen . . . Während ich dahinging, malte ich mir aus, wie mein einsames Leben ohne die Katze sein würde. Dann war ich endlich bei der Angst einflößenden Höhle ... Was hörte ich? Und dort die graue Masse? Es war mein Kätzchen, das lauschte, wahrscheinlich von Angst gelähmt. Die Freude, Ti-Puss gefunden zu haben, verjagte den Ärger über ihren Ungehorsam. Aber wie weit war ich davon entfernt, von der Bindung an irdische Dinge frei zu sein!

Manchmal nahm Wiswanatha an unseren deklamatorischen Übungen teil, unserer Haupterholung nach der harten Gedankenarbeit des Tages. Er war Sanskritgelehrter und rezitierte mit schöner Stimme Tantra-Verse.

Ti-Puss hatte vor meinen Freunden keine Angst. Sie kannte Lewis seit ihrer in der Stadt verbrachten frühesten Kindheit. Eines Tages war er mit einem religiösen

Bettler zu mir gekommen, der mich Ganja (Haschisch) rauchen lehrte. Er hatte verfilzte üppige Locken, von der Sonne gebleicht, und sie waren, glaube ich, echt. Doch was für eine Szene machte meine Wirtin, als sich herausstellte, daß der Mann von Geburt ein Paria war und kein Haus betreten durfte! (Übrigens trug mir die Hanfdroge nur eine Kolik ein statt des verheißenen Haschisch-Paradieses!)

Was Wiswanatha betrifft, so besuchte ich ihn oft. Seine Zelle lag in dem trockenen, staubigen Palakotto-Hain, wo einige Jünger bei der kleinen Kapelle der „Sieben Gottheiten" hausten, die sie jedoch nicht weiter beachteten. Diese kleine Kolonie befand sich gerade gegenüber der Straße, wo ich neben einem Brunnen in einer Hütte wohnte, die einst für die Pfauen errichtet worden war.

Ich erinnere mich eines Abends, an dem ich Wiswanatha zeigte, wie man Gerste röstet und mahlt, um eine tibetische „Tsamba" zuzubereiten. Im Schein einer Sturmlaterne kochten wir sie auf einem Holzkohlenbecken. Wir waren sehr hungrig.

Wie die Pilger waren wir barfuß die zehn Kilometer rings um den heiligen Berg gewandert, in der glückbringenden Richtung des Uhrzeigers.

Mitten auf einem Brachfeld waren wir in eine enge Höhle hinuntergeklettert, und dort hatten wir in einer Zelle einen prachtvollen Mann mit gelben Augen betrachtet, der stumm mit Wiswanatha zu reden schien – mein Gefährte lachte mich zwar aus, als ich das später zu ihm sagte. Nach diesem Rundgang war ich heimgekehrt, um mich mit einem Eimer Wasser zu begießen, und war danach mit der Katze in den Palakotto-Hain gegangen.

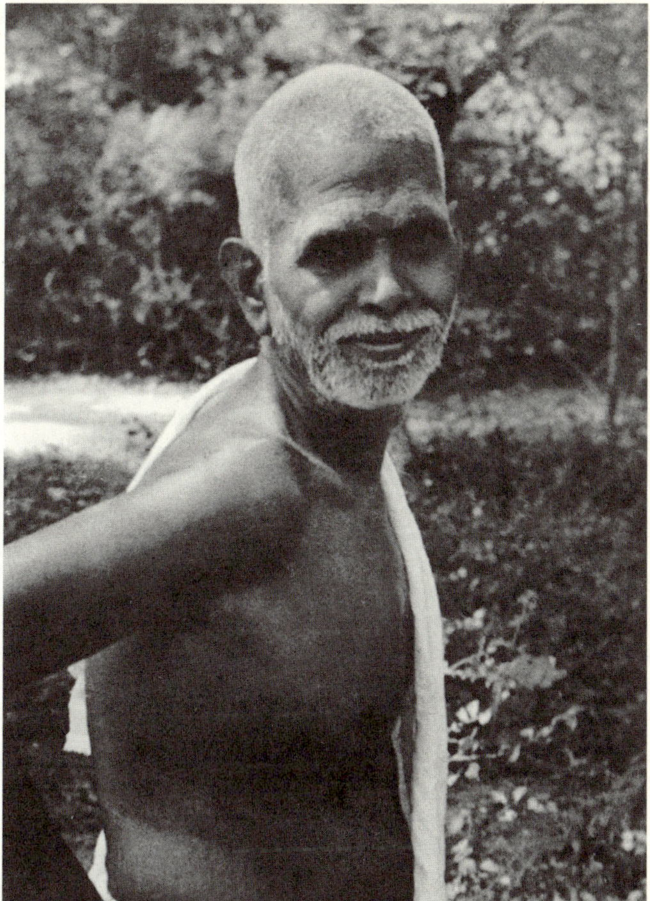

Ramana Maharischi.

Während wir unseren Brei aßen, fing eine Mauereidechse Mücken außer Reichweite der gespannten Katze, die ihr genau wie eine Eule mit großen, in grauem Flaum versunkenen Augen zusah. Ti-Puss saß ganz still, bewegte kein Schnurrhaar und fixierte ihre Beute mit leidenschaftlicher Anteilnahme. Noch nie war sie mir so schön erschienen; die Laterne warf große Schatten an die Steinwand. Ohne daß ich etwas sagte, bewunderte Wiswanatha sie lange. Dann bemerkte er mit einem Lächeln: „Das beste Beispiel für Sammlung des Gemüts in einer Spitze! Wir können viel von ihr lernen. Sie ist eine Jogini." Ich werde diesen Augenblick nie vergessen; die Bemerkung stammte ja von einem Jogi, der selbst den gesammelten Blick hatte, welcher von innerem Gleichgewicht und Konzentration herrührt.

Als ein gesunder Brahmane mit einfachen Bedürfnissen, der von Almosen lebte, sah er glücklich aus. Er hatte kein Gelübde der Weltentsagung abgelegt, hatte seinen Namen nicht geändert und trug deshalb nicht das flammenfarbene Gewand, Sinnbild jenes Feuers, das angebetet wird, da es das Ich vernichtet.

Wenn der Mond schien und die Erde nicht mehr brannte, ging ich manchmal in der großen Lagune baden, zu der ich über einen langen, malerischen Damm mit Felsen, Palmen und Buchsbaumsträuchern gelangte. Es war außergewöhnlich, daß die Katze mir eine halbe Stunde über offenes Land folgte, das keine Deckung bot, und wo wir Bauern mit Stöcken begegneten. Seit ihrem Erlebnis in Raipur war ihr schon der Anblick eines Stockes verhaßt.

Am Rande des glitzernden Wassers, das kühl aussah, es jedoch nicht war, zog ich mich rasch aus, mußte aber auf schlüpfrigen Steinen in knietiefem Wasser weit hinauswaten, ehe ich schwimmen konnte. Von der Lagune aus gesehen, schien Arunatschala, der unwandelbare Berg, aus der stumpfen Ebene aufsteigend, die Erde zu beherrschen. Ein schwaches Fleckchen am Ufer war meine rührende Pussy, die nicht wußte, wie sie meinem großen Körper folgen sollte, ihrem Zufluchtsort und ihrer Nahrungsquelle. Mit scharfem „Mrrau!" begrüßte sie meine tropfende Rückkehr; sie hatte entschieden Angst, mich zu verlieren!

In dieser Zeit war es, daß ich sie Tränen vergießen sah ...

Es war meine Schuld. Der Nachbarkater hatte einen langen Körper, anscheinend rund wie ein Rohr, hohe Schultern, die sich unter einem dünnen Fell wiegten, einen hellen Pelz mit lockenden Leopardenflecken, einen von der Hitze abgenutzten Mantel, der die zwei kleinen, unter seinem Schwanz vorkommenden Samtfeigen nicht verbarg. Wie hart, wie verschieden war er mit seinen langen Gliedern, seinen knochigen, boxbereiten Vorderpfoten von meiner sanften kleinen Katze!

Da ich „Leopard" willig bewunderte, gab ich ihm Milch, als er mich einmal besuchte. Er folgte mir und bat um mehr, während Ti-Puss teilnahmslos auf der Mauer blieb. Er schlief drei Stunden, und zur Teestunde hielt ich es für richtig, Ti-Puss zu einer förmlichen Vorstellung hineinzutragen. Beide waren ruhig und höflich ... bis er ganz plötzlich knurrte, die Schwanzhaare sträubte und eine Pfote hob, um zuzuschlagen! Ich schickte ihn beizeiten fort.

Zehn Minuten später griff Ti-Puss – etwa hundert Meter entfernt – Leopard an. In tödlicher Umschlingung wälzten sie sich herum, eine einzige runde lebendige Kugel, die durchdringende, wütende Schreie ausstieß. Ich rannte hinzu! Wie sie zupackten ... Fellflocken flogen zwischen Staubwolken. Sie wurden getrennt; Ti-Puss jagte ihm wieder nach; aber Kuppu, der Gärtner, schickte sie zu mir zurück, während Leopard sich mit einer Fahne grauen Felles in den Zähnen zurückzog.

Meine arme sanfte Pussy hatte sich mein freundliches Entgegenkommen angesehen, bis sie es nicht mehr zu ertragen vermochte. Sie hatte mit Zähnen und Klauen gekämpft.

Lang ausgestreckt auf dem Zementboden keuchte sie laut, als ob ihre kochende Brust eine Dampfmaschine geworden wäre. Sie knurrte drohend, als ich sie zu streicheln versuchte. Während ich mich entschuldigte, fiel mir auf, wie ungewöhnlich feucht ihre Augen waren. Ja, sie schwammen in Wasser! Sie schloß die Augen, wodurch sie zwei wohlgeformte Tränen entpreßte; die eine fiel auf meine Hand, die andere zerplatzte in ihrem Schnurrbart.

Eine Verletzung fand ich nicht. Aber sie war so erregt und gekränkt, daß sie sich zwanzig Stunden lang nicht rührte, weder aß noch trank.

Mittags herrschte starke Hitze, und sie ging erst in der Dämmerung aus. Spät nachts ließ mich dann ihr Miauen das Moskitonetz heben, damit sie neben mir ruhen konnte. Da es selten regnete, schlief ich im Freien unter einem kleinen Dach aus geflochtenen Palmblättern; das Bett stand an der Mauer, die acht Bungalows umschloß. Mein Zimmer war eine fensterlose Zelle mit zementierten Ziegelwänden, von denen der Pingpongball der Katze leicht abprallte.

Nach meiner Dusche am Brunnen lag ich im Bett unter der überwältigenden Fülle glitzernder Sterne und bewunderte wie aus einer Loge die Pyramide unseres eindrucksvollen Berges. Ein schwerer Wind, der nie den ersehnten Regen brachte, zerrte am Laub eines jungen Mangobaumes. Bisweilen ging das unangenehme Zischen eines Staubwirbels durch die Siedlung. Die heiße Jahreszeit hatte uns wiederum in den Klauen.

Trotzdem war ich froh, wieder im Süden zu sein. Hier, wo der Unterricht meistens in aller Stille stattfand, war die geistige Atmosphäre, die man atmete, stärker und reiner als in Benares, der Stadt Schiwas. Arunatschala, unser „Berg des heiligen Feuers", galt als Schiwas ureigentliches Wesen, die geistige Kraft, die verzehrt und erleuchtet.

Kein Anzeichen warnte mich mehr, wenn meine Katze herankam; als Erwachsene war sie leise und klug.

Wenn ich abends in aller Ruhe einem Gedanken bis zu seinem Urgrund zu folgen versuchte, lief oft ein fremdartiges Tier an uns vorbei. Es machte mich neugierig; aber Ti-Puss blieb ungerührt. Es trabte wie ein schwarzer Hund, schien pelzig wie ein Bär; es gurrte kläglich, und seine Losung war voller Beeren. Der Gärtner Parsuram sagte, es sei ein Indischer Palmenroller, eine Wildkatze, die es versteht, den Saft aus den Palmyrapalmen zu saugen.

Ti-Puss wurde unruhig und erregt. Es kam eine Nacht, in der sie nicht mehr neben mir schlief, sondern auf dem Holzkohlensack. Ihr Fell verlor den blauen Chinchilla-Schimmer und wurde sandfarben, und da sie sehr lange Ohren hatte, sah sie immer mehr wie ein

Luchs aus. Ihr Gesicht verschmälerte sich, und die stark ausgeprägten Knochen unter den Augen verliehen ihr einen tragischen Ausdruck.

Sie wurde wilder, verbrachte die Nächte mit Raufereien und kehrte mit geschwollenem Ohr oder einer schwarzen Narbe über dem hellen Samt ihrer festen Nase zurück. Ich konnte sie nur noch berühren, wenn sie den Tanz für den Nahrungsspender aufführte und sich an meinem Bein rieb. Sie kam nicht mehr herbei, wenn ich sie rief. Und warum verbrachte sie eine ganze Nacht in der Gabelung eines Baumes? Eine Reise mit ihr würde sich wohl als schwierig erweisen, und gerade jetzt wollte ich nach Travankor fahren, da die Staatspolizei mich nicht mehr für eine internationale Spionin hielt.

Eines Nachts brachte sie ihren Freund mit, einen prachtvollen dunkelgrauen Kater mit schwarzen Streifen. Er schlich leise herbei und blieb ein paar Meter von mir entfernt stehen. Murmelnd, aber höflich und geduldig – sehr besorgt, zu mißfallen – bat er mit kaum hörbarer Stimme um meine Gunst. Er ging sogar soweit, unter meinem Tscharpoy zu schlafen, während Ti-Puss wieder unter mein Netz kroch. Ich beglückwünschte sie herzlich zu ihrem guten Geschmack. Parsunun erzählte mir später, daß es sicher ein Wildkater sei.

Sie waren ein friedliches Paar, saßen stundenlang nebeneinander auf dem Pfad und taten nichts. Von jetzt an nannte ich meine Katze Frau Minou Wildling.

Als ihre Flitterwochen eine Woche später beendet waren, sah sie am Tage würdevoll und verschlafen aus (und leider hatte sie zum erstenmal Flöhe). Sie wußte nicht, was ihr geschah, gab jedoch vor, ganz normal zu sein. Halben Herzens versuchte sie ihren Schwanz zu fangen, brach das Spiel plötzlich ab und legte sich ein weiblicheres Benehmen zu: Sie saß geistesabwesend da und leckte sich die Pfote, nur um gute Haltung zu zeigen. Dennoch war sie aufgeregt; ihr peitschender, schlagender, wischender Schwanz verriet sie.

Eines Morgens weckte mich ein fürchterliches Geheul gerade über meinem Kopf auf meinem gebrechlichen Mattendach, wo Ti-Puss in der Regel ein paar private Bemerkungen zu der aufgehenden Sonne machte. Dort war sie und wurde von einer kleinen weißgesprenkelten Schwester angegriffen, die von der anderen Seite über die Mauer gekommen war. Die „weiße Schwester" pflegte Ti-Puss zu beobachten wie ein Tiger seine Beute, ehe sie zum Angriff überging und Verwünschungen fauchte, die zu sagen schienen: „Er schaut dich nur an! Nur dich! Das treibt mich zum Wahnsinn, zum Wahnsinn!" Eifersucht erfüllte ihren schlanken, fiebrigen Körper. Sie hatte noch keinen Gatten, und erst zwei Jahre später fand sie einen. Aus irgendeinem sonderbaren Grunde schlug Ti-Puss nie zurück, sondern legte nur die Ohren an, als wollte sie sagen, ein so häßliches Schwesterchen sei zu dumm, um ernst genommen zu werden.

Als sie eines Tages ausgestreckt zu meinen Füßen lag, mit gedehntem Leib und ausgeringeltem Schwanz, teilte sich das seidige helle Fell ihres Bauches ein wenig: Ihre kleinen Zitzen waren zur Größe einer harten rosigen Knospe angewachsen.

Ich beklagte das Ende ihrer Jugend, die mit nichts anderem als unschuldigem Staunen ausgefüllt gewesen war. Sie war mein gewesen, und ich hatte die meisten ihrer Gedanken gekannt; im ganzen gehorsam, hatte sie meine Allmacht anerkannt. Jetzt war sie unergründlich, versunken in ihre eigene Welt, in die Welt des großen Katzenspiels, an die meine Einfühlungskraft nicht heranreichte. Von nun an gehörte ich der Katze, und es hing ganz von ihrer Gnade ab, wenn sie sich herabließ, mit mir zusammen zu sein.

War es bloß Zufall, daß sie auf das steinerne Lager im Palakotto-Hain sprang, als ich dort wartete, bis der Maharischi von seinem täglichen Spaziergang zurückkehrte? Ich nahm Abschied von ihm, dankte ihm für seine Güte und sagte ihm, daß ich wieder nach Travankor zu dem Weisen Atmananda gehen würde.

ELFTES KAPITEL

Trivandram

Trivandram, die Hauptstadt von Travankor, liegt zwar noch an der Westküste, aber fast im äußersten Süden von Vorderindien. Nach der sengenden Hitze des Karnatiks bedeutete es eine Erholung, in der Feuchtigkeit der Meeresluft zu leben; es kann jedoch des Guten zuviel werden, und bald wurde sie eine klebrige Last. Der Schwefel der Zündholzköpfchen zerkrümelte, so daß man sie nicht mehr anreiben konnte, und die neugekauften Briefumschläge klebten leer zusammen! Wenn man die Schuhe nicht täglich trug, wurden sie innen sehr bald grün von einem haarigen Schimmelpilz (Europäerinnen benutzten besondere Lampen, um die Luft in ihren Schränken zu trocknen). Kein Wunder, daß die an alten Gebräuchen festhaltenden Malajali – Männer und Frauen – immer noch so wenig wie möglich anziehen, keine persönlichen Besitztümer haben und Möbel verabscheuen: Die Häuser müssen luftig und sauber sein; nur auf diese Weise kann man die Legionen von Käfern und Wanzen, Silberfischchen und Raupen, Spinnen, Tausendfüßlern und Skorpionen fernhalten.

Aber den Pflanzen bekommt dieses Klima gut: Das gesunde Grün der Bäume und Sträucher schimmert über der roten Erde eines mit weißgestrichenen Mauern betupften Landes. Man übersieht bald die dunklen Flecken, mit denen die fortwährende Feuchtigkeit diese Mauern verdirbt.

Die Menschen machen einen fröhlichen Eindruck; ihr glatter Körper, der mit zartem Fleisch gepolstert ist, hat ein ganz anderes Gewebe als jener der harten, „prähistorischen" Tamilen. Die meisten gehen barfuß, so daß sich sogar eine große Menge beinahe lautlos bewegt. Zu bestimmten Stunden ist die Hauptstraße von Trivandram ein Strom blendend weißer Gewänder, in dem die meisten braunen Gesichter intelligenten Studenten zu gehören scheinen. Die Frauen sind zwar sehr weiblich, aber ungebrochen und frei: Sie sind die Nachkommen unzähliger, die das Haupt eines Klans oder einer Familie waren. Im Autobus bot mir einmal ein junges Mädchen seinen Sitzplatz an; ich lächelte ihr zu, und mit einem einzigen Satz erkundigte sie sich nach meinem Namen, meinem Einkommen, meinem Mann und dem Grund meiner Anwesenheit in Trivandram. Spaßeshalber antwortete ich im gleichen Telegrammstil, wodurch sie auf ein Gekicher beschränkt wurde, in das ihre Gefährtin einstimmte.

Sowohl bei den Stadtbewohnern als auch bei den Fischern findet man jenen lebhaften, nach außen gerichteten Blick, den ich „nicht-indisch" nenne, da es in Südindien viele syrische Christen gibt. Marcus, Thomas, Matthew, Varghese, Noé, Xavier hießen einige Advokaten, deren Namen ich im Vorbeigehen an Gartentoren las.

Während meines mehrmonatigen Aufenthaltes in Trivandram war ich bei meinem Freunde John, dem Musiker, zu Gast. Sein kleines Haus stand auf einem Hügel an einer Straße, die zu dem vier Kilometer entfernten Meere führte. Wenn der Monsun wütete, hörte ich das unablässige Donnern ungeheurer Wellen, die aus Afrika kamen und sich endlich an der Küste brachen.

Für Ti-Puss war der ganze Aufenthalt in einen köstlichen Geruch getaucht. Täglich stiegen reihenweise starke Fischträger und Fischträgerinnen bergauf, die auf dem Kopf einen großen Korb Fische balancierten. Sie flogen vorbei wie Marathonläufer, ruckten dabei mit den Schultern, während Kopf und Rücken steif blieben, als ob sie fortwährend einer waagrechten Linie folgten. Sie schwitzten ausgiebig. Nie mußten sie die verknoteten Schnüre, die lose wie Lotleinen vom Rande ihrer feuchten Körbe herabhingen, benutzen, um ihre Ladung ins Gleichgewicht zu bringen. Der Körper der Frauen drehte sich unter dem aufgereckten Kopf, der an den überladenen Korb geheftet war.

Meine rührende Ti-Puss folgte ihnen bergauf und sprach sie mit ihren dringendsten Tönen an. Für ein paar Tschakrams, den Bruchteil eines Pennys, kaufte ich ihr immer eine Handvoll kleine Fische.

Jeden Nachmittag gingen John und ich zu dem Hause des Weisen hinunter. Ti-Puss begleitete uns bis zu dem einsamen christlichen Friedhof. Wenn ich sie zwei bis drei Stunden später auf dem Rückweg rief, kam sie mit einer großen Liebesentfaltung unter dem Tor hervor, das die Inschrift trug: „Es ist alles von Staub gemacht und wird wieder zu staub." Diese falsche Behauptung erregte jedesmal mein Mißfallen!

Höher oben, nicht weit von unserem Hause, gelangte man zum Impfinstitut. Es war leer zu dieser Stunde, und es stand der Katze und mir frei, schweigend in dem großen Garten spazieren zu gehen oder träumend unter schattigen niedrigen Zweigen zu liegen. Wenn wir abends dorthin gingen, waren wir bald außer Reichweite der Straßenbeleuchtung. Schritt für Schritt mußte sich mein Fuß den Weg ertasten, während meine Knie weich blieben wie beim Skilaufen im Nebel. Für mich war es auch ein Sport, zu erraten, wo sich die Katze befand, bis sie schließlich leise herbeikam und sich an mein Bein lehnte. Ich saß mit Vorliebe auf einer Mauer über einer Klippe, um dort unter dem Beifall meiner schnurrenden Gefährtin zu meditieren.

Unser gegenseitiges Vertrauen schien vollkommen zu sein, auch wenn sie sich auf dem Heimweg in dem Graben kauerte und zögerte, ehe sie die Straße überquerte. Ich rief ihr zu: „Komm doch, sei nicht dumm! Die Wagen sind längst fort!" Die erstaunten Vorübergehenden konnten nicht sehen, mit wem ich sprach!

Nachts suchte sie den Schutz meiner Gegenwart, bevor sie eine stille Rolle zu meinen Füßen wurde; aber vorher mußte sie noch einmal die Vigognedecke zerzausen.

Obwohl ihre Schulter geheilt war, legte ich ihr einmal die Schlinge an, um Lewis meine Geschicklichkeit zu zeigen. Alsogleich benahm sich die Katze wie eine Kranke, verließ das Haus nicht und wollte gehätschelt werden. Nach dem Haarwechsel veränderte sich ihr Aussehen; im silbrigen Flaum wurden nicht nur ihre Kriegsnarben sichtbar, sondern auch die Feinheit ihres Baues und die Eleganz ihrer Gelenke. Jetzt fiel es ihr leicht, einen Floh zu belecken und zu rollen, ehe sie ihn zwischen den spitzen Zähnen zermalmte. (Ich ging ebenso vor, nur befeuchtete ich meinen Floh mit dem Finger, bevor ich ihn rollte, und benutzte dann die Nägel.)

Aber Ti-Puss war nicht mehr Ti-Puss. Sie war nun Frau Minou Wildling. Allmählich schwoll ihr Leib, bis sie sich nicht mehr durch die Eisenstäbe meines Fensters zwängen konnte. Auch ihr Schlaf wurde gestört; die sonderbare Fracht, die sie in ihrem felligen Laderaum trug, vollführte Bocksprünge nach der Steuerbordseite.

Ti-Puss, Foxy und Ti-Zoli.

Ein Fischgeruch war die Ursache anderer Kundgebungen. Ich hatte nämlich drei frische Sardinen in einem nahen Bananenbaum versteckt, und Ti-Puss hatte sie entdeckt. Sie miaute und strich anbetend um diese große Pflanze, die einem Riesenlauch ähnelte und sich nicht erklettern ließ. Sie fraß viel in dieser Zeit; sie ging nicht mehr, sondern kroch, da es in ihrem prallen Leib stieß und sprang. Sie hatte Sorgen, und sie kam deswegen zu mir; wer sonst hätte ihr sagen können, daß sie recht daran tat, in ihrem Zustand zu Hause zu bleiben? Wenn ich ihr weißes Kinn kraulte, versteifte sie es zu einem kleinen stachligen Nadelkissen.

Als ich am achtzehnten April vor dem Morgengrauen durch lebhaftes Piepsen geweckt wurde, fand ich vier Kätzchen neben Ti-Puss' Flanke. Ich behielt zwei davon, die eine hübsche Zeichnung hatten, Silber-Foxy, der schwarze Streifen aufwies wie sein Vater, und Ti-Zoli – eine Abkürzung von „Petit Joli Tigre" – mit grauen Flecken auf gelbrötlichem Grund. Sie hatten eine Stirne wie Elefanten, zu großen Schilden geformt und gekrönt von winzigen Öhrchen, die schon peilen konnten. Ihre Bäuchlein wölbten sich unter einer roten Haut. Doch soweit es den kleinen Schwanz betraf, sahen sie wie Kaulquappen aus.

Ti-Zoli entdeckte als erste eine rosige Zitze im hellen Fell ihrer Mutter. Ti-Puss vermischte ihr zärtliches Freudengegurr mit fragenden Tönen: Saugten sie auch richtig? Wenn sie im Gang Schritte hörte, knurrte sie. Meine Glückwünsche nahm sie entgegen, indem sie wonnevoll die Augen schloß.

Erst jetzt fiel mir ein, daß sie am vorigen Abend zum erstenmal den ganzen Weg vom Impfinstitut vorausgegangen war und sehr entschlossen die Straße überquert hatte. Nachdem sie die Vigognedecke wild geknetet hatte, war sie zu ihrer funkelnagelneuen Kiste gegangen, deren Bestimmung sie ebenso sicher erkannt hatte wie damals als dreiwöchiges Kätzchen den Zweck ihres Sandbleches.

Obwohl die beiden Kätzchen noch blind waren, balgten sie sich schon, wenn sie einander in den Weg gerieten. Foxy hatte etwas von einem Träumer und blieb gern für sich. Seine Lieblingsbeschäftigung bestand darin, höher und höher auf den Rücken seiner Mutter zu klettern, worauf er dann widerwillig einräumen mußte, daß es sich nicht lohnte, und mit weit ausgestreckten Vorderbeinen abwärts rutschte.

Wenn Ti-Puss einen Augenblick fort gewesen war, pflegte sie mit dem schnellen Schritt und der gespannten Miene eines Wesens zurückzukommen, das weiß, wie unentbehrlich es ist.

Mit meiner schönsten Handschrift schrieb ich Geburtsanzeigen meiner Enkelkinder an Wiswanatha und Lewis, an die Valots und Casparis in Kodaikanal, an George und Nancy in Raipur, an Ethel und Raymond in Benares.

Ti-Zoli, das Weibchen, fand immer am schnellsten eine Zitze in dem ragenden Berg warmer, seidiger Haare. Als sie eine Woche alt war, sah sie mit ihren Schlitzaugen, hinter denen etwas Dunkles schimmerte, wie ein betrunkener Chinese aus.

Die Träume dieser Kätzchen waren von Zuckungen und Gepiepse erfüllt. Ti-Puss war derweil ein Sinnbild der Weltweisheit mit einem alleswissenden Gesicht, buddhagleich, auch wenn sie vor sich hin lächelte, ewig verstehend ...

Aber sie schnurrte auch; es war ein tiefes, unaufhörliches Gurren, rhythmisch und voller zarter Triller. Warum schnurren Katzen eigentlich? Das habe ich mich oft gefragt. Von allen Tieren sind sie diejenigen, die sich ihren verschiedenen Stimmungen am intensivsten hingeben, und ich vermute, daß sie in Augenblicken ekstatischen Glücks platzen würden, wenn sie kein Ausdrucksmittel für ihre Gefühle hätten!

Mit zwanzig Tagen war Ti-Zoli dünner und aufgeweckter als ihr Bruder, obwohl sie denselben vertrottelten Blick hatte. Sie wirkte ausgesprochen offenherzig; denn ihr Gesicht war hell und klar bis auf zwei schelmische dunkle Linien, die von den Augenwinkeln ausliefen. Sie kaute zuerst an ihrem kurzen Fell und kratzte sich als erste mit unbeholfenem Hinterbein am Ohr. Ganz plötzlich – zu ihrer eigenen großen Überraschung – fauchte sie meine große Hand an, als sie sich ihr näherte.

Foxy sah eigenwilliger aus: Er hatte über jedem Auge eine waagrechte schwarze Linie, die in das breite V auf seiner Stirne mündete. Wammenartig hing die Haut seines Bauches auf den Boden.

Stundenlang betrachtete ich diese beiden neuen Lebewesen, die sich selbst und die Welt entdeckten, voller glücklicher Unmittelbarkeit, die zu einer vollkommenen Schöpfung gehört. Dennoch hatte ich zwei solcher springlebendiger felliger Kaulquappen vernichtet ... in Indien, wo man nicht töten darf. Wie zuwider war es nur, sie im Eimer zu ersäufen, und wie lange dauerte es, bis sie nicht mehr zu schwimmen versuchten! Wie um mich freizusprechen, hielt ich mir immerzu die Gründe für meine Handlungsweise vor. Erstens einmal war meine geliebte Ti-Puss noch schwach und erholungsbedürftig, und für mich war es ein zu großes Problem, vier Kätzchen loszuwerden. Die meisten meiner armen Nachbarn besaßen schon Katzen. Es war unmöglich, die Jungen eine Weile zu behalten, nur um sie dann einem langsamen Tode zu überlassen, wenn es Zeit wurde, von hier fortzugehen; sie hätten sich vor den streunenden Hunden verstecken müssen, sich angstvoll verkriechen, da und dort einen Brocken erhaschen, bis der letzte Kampf gekommen wäre. Es war großmütiger, sie ihr Leben nicht beginnen zu lassen. Hatten sie ein Anrecht aufs Leben, diese Kätzchen? Erkannten sie jemals, daß sie lebten, daß sie auf dieser irdischen Bühne eine Rolle spielten? Nein. Ich glaube, sie sind wie der Vogel und die Blume: Sie haben nie vom Baume der Erkenntnis gegessen; für sie ist die Welt nicht in das Ich und das Nicht-Ich geteilt, in diese zwei unvereinbaren Gegensätze.

Lewis, dem das heiße Klima sogar noch mehr zusetzte als Ti-Puss, besuchte uns, um den Familienzuwachs kennenzulernen. Er brachte uns Yeats Gedicht „Die Katze und der Mond" mit, das wir auswendig lernten:

> „Minnaloushe schleicht durchs Gras
> Allein, bedeutend und weise,
> Und sie hebt zum wechselnden Mond
> Ihre wechselnden Augen."

Ti-Puss war eine vortreffliche Mutter und entfernte sich kaum von ihren Jungen. Wenn sie sie nicht fleißig leckte, zwitscherte sie die Fragen und Antworten ihres Unterrichts – ein entzückendes Bild. Wir beide saßen vor dem Katzenlager.

„Welche Vollkommenheit!" Ich fühlte mich gezwungen, das zu sagen, während ich die Kätzchen in ihrem funkelnagelneuen Pelz bewunderte, die da nebeneinander lagen, das Köpfchen auf dem dick mit Milch gepolsterten mütterlichen Kissen.

Lewis wollte mich, sachlich wie stets, aus meiner behaglichen Stimmung aufrütteln: „Soll ich dir sagen, wie ich die Katze sehe? Dieser flache Kopf, der mit geschlossenen Augen immerzu leckt, ist nichts als dunkle, hoffnungslose Unwissenheit. Die freundlichste Handlungsweise wäre, sie auf der Stelle umzubringen. Jetzt verstehe ich das Gute der Tieropfer!"

„Hör auf! Hör auf! Ich fühle mich ihr so nahe, daß ich in meiner vorigen Inkarnation eine Katze gewesen sein muß. Und vergiß nicht, wie du sie bewundert hast, als du sagtest: 'Schönheit ist Unmittelbarkeit!'"

Die Hitze nahm zu; die Katze keuchte wieder, lang ausgestreckt in einem schattigen Winkel. Da ihr an der Kehle alle die langen Haare ausgegangen waren, sah man die Sehnen der Halsmuskeln. Nie hatte sie sich weicher angefühlt. Scheu und langsam hatte sie gelernt, wie sie ihre Jungen zum Lager zurücktragen mußte, wenn Gefahr drohte. Dort bildeten die beiden, einander umarmend, eine runde, behaarte Raupe.

Am zwölften Mai setzte der Monsun um Mitternacht mit einem gewaltigen Regenguß auf das Ziegeldach, die Palmen und die Blätter des Bananenbaums an meinem Fenster ein. Die Erleichterung war groß; entspannt schliefen die Katze und ich sehr lange, bis die alte Frau unsere kostbare Milch in einem Kupfertopf brachte, der wie gewöhnlich blitzte, da er immer mit einer Mischung von Asche und Erde abgerieben wurde.

Zum erstenmal scharrte Ti-Zoli, die knapp einen Monat zählte, ein Loch im Sand für ihre Privatbenutzung; aber der unzivilisierte Foxy störte sie, indem er sie ansprang. Beleidigt fing sie wieder von vorn an, während ich ihren Bruder festhielt. „Wie soll man eigentlich sehen, ob der Schwanz über dem Loch ist?" schien sie mit dem ulkigen Ausdruck ihrer runden Äuglein zu sagen. Eifrig vergrub sie die „Leiche", ein Würstchen, das halb weiß, halb gelb war, da sie am vergangenen Tage zum erstenmal Gemüse gefressen hatte.

Die Mutterschaft bedeutete nicht nur Freude. Wenn Ti-Puss säugte, verriet sie Anzeichen des Schmerzes: Sie hatte eine eingerissene Zitze, die entzündet und geschwollen war. Abends kam sie unter mein Moskitonetz, um etwas Ruhe zu haben; aber sie hörte nicht auf, dem dicken Foxy und der verschmitzten Ti-Zoli zuzugurren, die einander wild beknabberten.

Foxy verstand sich darauf, an meinem Bettpfosten hinaufzuklettern, während seine Schwester auf dem Fußboden klagte. Doch das Gejammer brach ab; sie konnte ja etwas noch Schwierigeres, und flink wie ein Eichhörnchen zeigte sie ihr Kunststück und hielt den Pingpongball zwischen den Pfoten. Inzwischen behandelte ich Ti-Puss mit Öl, das von Baba Jan, dem kleinen Moslem-Jogi aus Madras, magnetisiert worden war. Sie schrie richtig auf, wenn die Jungen sich um die verletzte Zitze zankten; einmal mußte sie sogar davonlaufen. Dabei hatte sie aber zuviel Milch! Unsere Nächte waren wenig angenehm.

Jeden Tag entdeckten die Jungen etwas Neues. Beim Angriff auf einen kleinen Fisch gab Foxy zum erstenmal ein so tiefes Urwaldknurren von sich, daß die überraschte und erschrockene Ti-Zoli ihren Bruder nicht wiedererkannte; das Rätsel ließ sie mit angelegten Ohren rückwärts kriechen. Dann vollführte sie schnell einen Affenkniff: Sie gab vor, von meiner Zahnpastatube gefesselt zu werden, die sie bepfotete und zerbiß.

Mitten in der Nacht biß mich Foxy in einem Anfall von Wildheit in den Zeh, worauf er einen Klaps von mir bekam. Da entdeckte er, daß er seitlich am Moskitonetz hinaufklettern und in der oberen Vertiefung ruhen konnte. Der Friede war wiederhergestellt.

Sie bemerkten jedes neue Geräusch, spitzten die Ohren danach, bis sie zu unterscheiden vermochten, ob es mit ihrem Dasein in Beziehung stand oder nicht. Verwirrt hielten sie in ihrem fröhlichen Spiel inne, sooft unsere Nachbarin ihre tägliche Reisportion aussortierte, indem sie mit rhythmischem Klappern das Strohtablett schüttelte, auf dem die harten Körner wie Hagelgeprassel klangen. Plötzlich ermüdet, legten sich die Kätzchen mit zwei Bewegungen hin; wie ein Kamel knieten sie zuerst vorn nieder und falteten die rückwärts gewandten zarten Gelenke unter sich.

Silber-Foxy war ein prächtiges Tier, schön und kräftig, und der Schimmer seines dunklen Rückens paßte zu seinem Namen. Krishna, der Nachbarssohn, war jeden Tag herübergekommen, ihn zu bewundern, voller Verlangen, ein solches Tier zu besitzen. Als Foxy zwei Monate alt war, schenkte ich ihn Krishna; er konnte jetzt ohne Milch auskommen, falls die Leute sich einen derartigen Luxus nicht zu erlauben vermochten. Die Freude in Krischnas Augen erinnerte mich an mein eigenes Entzücken, als ich zum erstenmal ein Kätzchen besessen hatte. Dieses Kind hatte so tiefschwarze Augen, daß ich bis dahin nie verstanden hatte, was sie ausdrückten. Einmal hatte ich ihm ein Stück Seife geschenkt, weil er mir beim Auspacken zugesehen und, im Gegensatz zu den anderen Zuschauern, niemals etwas von mir erbettelt hatte.

Foxy kehrte jeden Morgen zurück, um mit seiner Schwester zu spielen – oder kam er wegen des Futters? Sein Lieblingsspielzeug war eine leere runde Spanschachtel, die von dem Moslem-Jogi stammte, der meinen Hexenschuß behandelte. Sein Platz war auf meinem Fensterbrett, von wo die Kätzchen sie mit Vorliebe hinunterwarfen, bis sie sie eines Tages vergeblich suchten. Der kleine Moslem hatte nämlich ein von ihm verfertigtes Stoffpüppchen hineingetan, das mit Hilfe von Beschwörungen einen seiner Patienten vom Zauberbann der Krankheit befreien sollte!

Eines Tages brachte ich Foxy fünfmal mit einem Klaps zum Hause des Knaben zurück. Jedesmal erschien der kleine Kater wieder in stolzem Trab, den Schwanz aufgerichtet wie eine am Heck aufragende Flaggenstange.

Zu dieser Zeit blieb ich ein paar Tage im Bett, da ich mich sehr schlecht fühlte. Eines Nachmittags hörte ich auf einem von Palmen verborgenen Strohdach drei kurze durchdringende und verzweifelte Schreie. Danach fiel ich in meine matte Schläfrigkeit zurück.

Später hatte ich das sichere Gefühl, daß dies das letzte Lebenszeichen meines selbstbewußten Silber-Foxys gewesen sein mußte; denn als ich Krishna das nächstemal Fische brachte, liebkoste er ein rachitisches, räudiges gelbweißes Kätzchen, das schmutzige grüne Augen hatte. Ich fragte mich, ob Krischna es wohl leichter fand, solch ein jämmerliches Geschöpf zu lieben als den schönen Sprößling des Herrn Wildling?

Wie war es möglich, daß ich so viel Zeit fand, die Katzen zu bewundern? Freilich, ich liebte ihre Bewegungen, ihren Ausdruck und ihre Formen. Da ich seither die Kathakali-Tänze gesehen und dem über drei Stunden dauernden Schminken der Tänzer beigewohnt habe, erinnern mich alle Katzen an diese Darsteller mit ihren bemalten Gesichtern, die von einem aufgeklebten krausen Backenbart verbreitert werden und zwei kühn geschwungene Linien, wie mit einem chinesischen Pinsel gezeichnet, tragen, so daß die feurigen Augen verlängert sind.

Warum war ich so bezaubert von der jungen Mutter Ti-Puss, von dieser Liebeserfüllung? Lag es daran, daß mich jede Minute der Betrachtung mehr und mehr davon überzeugte, daß Liebe und Leben ein und dasselbe sind? Ja, so muß es gewesen sein. Die Katze brauchte diese Frucht ihres Leibes als ein Ziel der Liebe; ihr Schnurren verkündete das große Ereignis, und es schien der gute, der normale Verlauf. Ich aber, die ich wahrscheinlich nie ein Kind haben sollte, schaute zu und schaute zu ... bis die Zeit nicht mehr vorhanden war und ich eins wurde mit diesem ewigen Beispiel vollkommener Harmonie – Mutter und saugendes Kind.

Ihr Leben wurde ein Teil meiner eigenen Erfahrung. Während sie saugten, sah ich ihnen immerzu mühelos und staunend zu, was – so meinte Lewis – die richtige Lebensweise war, nicht, wie es Europäer bei etwas Neuem tun, mit Zweifel. Die pfotenden Kätzchen liebten dieses Leben, das in sie einströmte, und die Mutter liebte diese Teile ihrer selbst, für die sie ganz plötzlich so gut sorgen konnte.

Dieses Erlebnis hatte noch einen anderen Aspekt. Weil alle Bedürfnisse und Wünsche des Kindes gestillt wurden, benahm es sich, als ob es der Mittelpunkt der Welt wäre. Was Ti-Puss betraf, so setzte ihre erfüllte Mutterschaft sie ebenfalls in den Mittelpunkt der Welt, wo man wunschlos ist, eins mit der Harmonie der Natur. Ich selbst war natürlich auch im Mittelpunkt, wegen der Bewußtheit in mir, die den Augenblick erhellte und dadurch die Wahrheit seiner zeitlosen Bedeutung erreichte. Aber dieses vollkommen ausgewogene Leben dauerte nicht lange.

Ti-Puss wurde absonderlich und spielte nicht mehr, wenn ihr Kind übermütig, mit aufgerichtetem Schwanz und bebend herbeikam. Im Gegenteil, die Mutter fauchte, knurrte und biß. Das Junge wollte nicht zugeben, daß sich ein solch großer schöner Berg der Liebe so ganz und gar ändern konnte: Es benahm sich, als handelte es sich um ein rätselhaftes Spiel.

Es muß wohl Ti-Puss' zweite Liebeszeit gewesen sein; sie war unablässig in Bewegung, schlich umher, wälzte sich und schrie die ganze Nacht. Sie fraß nicht mehr; ihre Schwanzwurzel wurde so empfindlich, daß sie nicht mehr sitzen konnte. Sie wurde so wild wie nie zuvor; ich durfte sie nicht mehr anrühren. Morgens kehrte sie abgezehrt und zerkratzt zurück. Das arme Tier, es sah krank aus! Ihre Ausgeglichenheit und der Ausdruck allumfassender Weisheit in den gelben Augen waren verschwunden: Sie war nur noch eine unterjochte Sklavin der Natur, auf Gnade und Barmherzigkeit dem ausgeliefert, was unabhängig von ihrem

Willen vor sich gehen mußte. Schmerz preßte ihre Flanken, stieg aufwärts und kam in einem scharfen, sehr hohen „Auu!" aus ihrer Schnauze. Dann ertönte ein wütender kehliger Widerspruch: "Mrru!"

Manchmal glich sie nur noch einem Automaten, als ob ihre Seele weit fort weilte. Sie erkannte mich nicht, und dann konnte ich mir die größen Freiheiten herausnehmen mit ihrem Körper, ihrer wunden Zitze oder mit der Ohrmuschel, die beim Säubern in der Regel tabu war. Sie war nahe daran, die Lehre des Weisen zu veranschaulichen, die sagt: Wo kein Ich oder „Knoten" ist, das Bewußtsein zu begrenzen, da ist niemand, obwohl Schmerz vorhanden ist, ihn zu fühlen, zu „objektivieren". Atmananda hatte uns von einem Abzeß erzählt, der aufgeschnitten worden war; obwohl es eigentlich weh getan haben mußte, hatte er dabei nichts gespürt, da er imstande war, willensmäßig einen Zustand zu erreichen, der jenseits des eigenen Ichs liegt.

Die taktvolle Ti-Zoli benahm sich die ganze Zeit, als ob ihrer Mutter gar nichts fehlte; aber sie wurde angeknurrt, wenn sie an dem süßen Born des Lebens zu saugen versuchte. Sie schlief nachts neben mir, während ihre immer eifersüchtigere Mutter auf dem Rohrstuhl blieb. Wenn ich Ti-Puss nicht zuerst fütterte, schmollte sie und verweigerte die Nahrung. Ich nahm darauf Bedacht, die Tochter zu John zu schicken, wenn Ti-Puss auf meinen Schoß sprang. Ich versicherte ihr immer wieder, wie sehr ich ihre großen Augen, ihren langen, geschmeidigen Körper, ihr dünnes, weiches Fell liebte.

Eines Tages war Ti-Puss' Neugier stark genug, um das Verlangen in ihr zu wecken, nachzusehen, wohin ich jeden Nachmittag ging. Sie nahm keine Zuflucht zum

Friedhof, sondern trotzte den klappernden Fahrrädern und den ratternden Karren. Als wir die wenigen kleinen Läden bei der Straßenkreuzung erreichten, glaubte ich sie verloren zu haben, weil dort Buben waren, die sie neckten. Aber sie hatte sich auf die Traufe eines Strohdachs geflüchtet. In der stillen, von Palmen beschatteten Bungalowgasse, der größten Schönheit von Travankor, kam sie wieder zu mir. Hier tanzten lange Sonnenstrahlen durch die Zinken großer, kammartiger Palmenblätter und trafen einen Weiher mit Wasserrosen.

Atmananda hatte seinen Vortrag bereits begonnen, als ich verstohlen, da ich zu spät kam, den kahlen Raum betrat.

Frau Minou Wildling lauschte mit tiefer Aufmerksamkeit dem Unterricht über geistige Fragen: „Wo es die selbstlose Liebe gibt, da beuge dich vor ihr. Dort ist kein Ich, weder Liebender noch Geliebter, nur reine Liebe und Teilnahme an der Seligkeit der Wirklichkeit. Wenn du das Ich oder den Geliebten zuoberst stellst, sinkst du hinab, besitzest die Liebe, begrenzest sie; indem du ein persönliches Element hineinbringst, unterscheidest du dich von dem geliebten Wesen und begrenzest dich selbst. Begrenzte Liebe ist keine Liebe. Du mußt die Liebe an sich werden. Doch auch bei der begrenzten Liebe kannst du bemerken, daß kein Ich da ist, wenn kein Verlangen da ist, und in diesem Augenblick verschwindet auch das Objekt der Liebe. Du bist ins Letzte geworfen, wo es weder Subjekt noch Objekt gibt."

„Aber", fiel ich ein, „ich kann ohne das suggestive Objekt der Liebe nicht sein! Nehmen wir wieder einmal die Schönheit meiner Katze als Beispiel ..."

„Siehst du nicht, daß keine Katze da ist, wenn du in der tiefen Glückseligkeit der Liebe bist? In der nächsten Sekunde versuchst du diese Glückseligkeit gedanklich zu erfassen, und dann kommt dir die Katze in den Sinn. Im Augenblick des Erlebens war das Denken ausgeschaltet. Du brauchst die Katze nicht als Anregung zur Glückseligkeit, sondern zur Ausschaltung der Gedankenfunktion. Finde heraus, was Denken ist, und dann findest du heraus, daß Liebe immer strahlt, mit oder ohne Objekt."

Die Aufmerksamkeit der Katze ließ nach, als das Gespräch auf die relative Ebene überging, nachdem ein neuer Besucher gefragt hatte: „Meine Seele ist eins mit Polen. Können Sie meiner Heimat helfen?" Ich sah Ti-Puss hinausgehen und über die Gartenmauer springen, als der Meister sagte: „Anstatt das Ich zu lieben, liebst du eine Nation. Der Fortschritt ist nicht sehr groß: Es gibt keinen wirklichen Frieden, solange du das Unbegrenzte nicht erreicht hast."

Hernach dauerte es eine Zeitlang, bis ich meine Katze im Dunkeln gefunden hatte. Der Meister kam zum Gartentor, um zu erfahren, was mit ihr geschehen war.

Am Ende der gleichen Woche war Ti-Zoli an der Reihe, unaufgefordert mit mir zu kommen, um „zuzuhören" und geduldig neben mir zu warten, während der Weise Fragen beantwortete. Für ein Kätzchen, das zu tollen pflegte und ab und zu immer wieder fraß, war es höchst ungewöhnlich, zwei Stunden lang stillzusitzen. Wir sprachen darüber mit Atmananda: Es ist eine bekannte Tatsache, daß sich Tiere im Beisein eines Weisen oder bei seinen Ausführungen über die Wahrheit wohlfühlen. Tiere können nicht logisch denken;

aber sie verstehen durch jene tiefere Strömung, die uns alle zur ungeteilten Bewußheit zurückzwingt.

Ich fragte dann, ob unsere Bewußheit die gleiche sei wie jene, die bei der Katze die Tätigkeit des Sehens erleuchtet.

„Unbedingt die gleiche. Aber statt der logischen Vernunft hat das Tier den Instinkt. Du kannst dich nicht rühmen, es weit gebracht zu haben: Der Instinkt ist sicherer. Das Tier könnte den Anspruch erheben, bessere Fähigkeiten zu haben als du."

Die Wasserstraßen von Trivandram, der Hauptstadt von Travankor.

ZWÖLFTES KAPITEL

Kodai Road Junction – Der zweite Verlust

Wir saßen im Zug, auf dem Wege zu den Bergen. Eifrig hatte ich das Angebot einer Schweizerin angenommen, die ihr Haus in Kodaikanal früher als geplant verlassen mußte. Ich sehnte mich danach, mich von dem anstrengenden Klima in Travankor zu erholen. Es war im September.

Ti-Puss reiste in ihrem runden Korb, und da sie mit ihrer Tochter keinen Umgang pflegen mochte, saß Ti-Zoli allein in einer Handtasche. Anfangs war Ti-Puss sehr aufgeregt und versuchte zum Fenster hinauszuspringen. Später nahm sie ihr Schicksal hin und betrachtete die dicht bevölkerten Palmenhaine, durch die wir, immer an der Küste entlang, fuhren.

Von zahlreichen Übergriffen des Meeres drang fauliger Geruch zu uns; floßähnliche Ansammlungen von Kokosnußschalen schwammen und verwesten in den Lagunen dieser flachen Küste. Kleine Häuser mit Stroh- oder Ziegeldach folgten einander; sie standen neben alten Brunnen, deren rote Ränder durchlöchertes Lateritgestein zeigten; Gartenmauern schienen bloße Sandflächen zu umschließen; weißgekleidete Leute drängten sich auf den Bahnsteigen kleiner Stationen, wo Fischkörbe aus unserem Zug ausgeladen wurden ... bis wir Quilon erreichten, wo die Eisenbahn die Küste in rechtem Winkel verläßt.

Von einer Ladung auf dem Bahnsteig nahm ich einen winzigen Hai, den ich mit spitzen Fingern am Schwanz hielt, ehe ich ihn der Katze gab. Als ich an meiner Nachbarin vorbeikam, einer mürrischen Tamilenwitwe, tat sie größten Widerwillen kund. Geflissentlich ergriff ich ein Stück Seife und begab mich zum Waschraum.

Diese unduldsame Witwe – ihr roter, hinter die Ohren gesteckter Sari verbarg das kurzgeschnittene weiße Haar nicht, das ihren Stand verriet – machte sich die ganze Zeit so schmal wie möglich, um nicht berührt zu werden; trotzdem wurde sie von der seidenen Draperie einer vorbeigehenden Dame gestreift. Die Witwe knurrte etwas; ruhig verbeugte sich die Elegante und sagte ein beschwichtigendes Wort. Waren beide Brahmaninnen?

Dann drehte sich die Witwe zu den Bündeln im Gepäcknetz über ihr um und fragte mit drohender Stimme etwas. Unser Fischfrachtzug war für sie wahrscheinlich reine Verseuchung! Eine saubere Frau aus Mahabar zwinkerte mir lächelnd zu und zog ein kleines Kreuz hervor, das ihr auf die Brust hing, als wollte sie sagen: „Wir sind beide Christinnen und haben keine Tabus!“

Endlich fand die lästige Witwe ihre Meisterin, und zwar in Gestalt einer armen Frau – sie trug keine Bluse – mit grauem Haar und einer auffallend hohen Stirne, die man in Südindien selten sieht. Alle Bänke unseres Frauenabteils verliefen parallel, durch niedrige Zwischenwände getrennt. Nach einer Weile stellte sie sich auf ihren Sitz und bereitete ihre Antworten vor, während die andere ihre Angriffe losließ. Als sie über die Scheidewand hinweg die Witwe anredete, sah es wie ein Kasperletheater aus. Sie war sich ihres Publikums bewußt und brachte ihren Standpunkt auf eine Art und Weise vor, die alle entzückte. Auch ihre Gebärden waren witzig und klug. Hatten wir nicht alle den gleichen Schöpfer? Wenn er erlaubt hatte, daß sie und ihre Bündel auf der Welt waren, konnte man dann nicht annehmen, daß er sein Wohlgefallen daran fand? Meine Nachbarin mit dem Kreuz sagte: „Diese Frau! Serr gutt!" und ihre Augen funkelten vor Vergnügen.

Ausnahmsweise einmal war der Lärm kein eintöniger Monolog schriller, nasaler Stimmen, die zu Affengesichtern mit vorstehendem Unterkiefer gehörten und von unermüdlich gestikulierenden mageren Fingern begleitet wurden. Es war eine von einem überlegenen Geist geleitete Diskussion, und der ganze Wagen – darin saßen über vierzig Frauen – lachte herzlich, auch die schreckliche Witwe! Sogar die verständnisvolle Katze freute sich über die gute Stimmung, die bis zum Gepäcknetz heraufdrang. Doch als ihr Junges sich ihr nähern wollte, entmutigte sie den Versuch durch ein kehliges Fauchen, das eines wütenden Schwanes würdig gewesen wäre. In dem dunklen Winkel, wo sie saß, hatten ihre unglaublich vergrößerten Augen den spukhaften Blick einer Eule.

Die Fischfracht wurde in Kottarakara, Ponalur, Tenmalai ausgeladen, lauter kleinen Ortschaften, die sich in den steilen Urwald der Western Range schmiegten.

Auf den Bahnhöfen verkauften Knaben rosa Bananen und geschuppte kupferfarbene Ananas. Der grüne Turban der Bahnhofsvorsteher wetteiferte mit den Farbtönen des umliegenden Waldes.

In Schencottah erreichten wir die Grenze von Travankor und zugleich den Paß, der zu dem trockenen, heißen Tafelland führt, das sich bis zur Ostküste erstreckt. Bei diesem Aufenthalt verzehrten die drei Begleiterinnen der Witwe Berge von Reis, während sie selbst fastete (sie befand sich vielleicht auf einer Pilgerfahrt, daher ihre übertriebene Sorge). Mitten in den braunen Gesichtern enthüllten die offenen Münder eine vom Betelkauen gerötete Zunge.

Bald waren wir in Tenkasi, wo ich in der Ferne den einsam ragenden Kamm des Courtallam gewahrte. Ein auffallendes junges Mädchen mit einem rosa Sari und baumelnden Filigran-Ohrringen stieg ein und unterhielt sich vom Fenster aus mit einem jungen Mann auf dem Bahnsteig. Sie gefiel sich selbst; zwei Brillanten glitzerten in den Nüstern ihrer Adlernase; sie wäre hübsch gewesen, hätte sie kein Doppelkinn gehabt. Ihr vulgäres Wesen stieß mich ab, auch ihre unhöfliche Art, sich vor mir aufzupflanzen und mir die Aussicht zu nehmen, als ob ich Luft wäre.

Als der Zug weiterratterte, ging sie mit wiegenden Hüften zum Abort. Kurz darauf kehrte sie unter Geschrei eiligst zurück! Sie stieß alle Menschen, die zwischen ihr und der Notbremse standen, beiseite und ergoß einen Tamilwortschwall, in dem das englische Wort „Geldbörse" vorkam. Dieser kostbare Gegenstand mußte durch das Loch gefallen sein, das die Toilette darstellte. Ihre schwachen Hände zogen die Notbremse zuerst nicht kräftig genug, und ich war so verblüfft, daß ich gar nicht auf den Gedanken kam, ihr zu helfen.

Endlich hielt der Zug, während das junge Mädchen immer noch an der Kette hing. Wir mußten schon meilenweit von der Unglücksstelle entfernt sein! Alle männlichen Fahrgäste liefen am Zug entlang, um herauszufinden, wer von ihren weiblichen Angehörigen in Schwierigkeiten sein mochte. Fünfzig Frauen standen in unserem Wagen und erklärten mit lauten Rufen des langen und breiten, was sich zugetragen hatte.

Mit Mühe wurde eine Türe geöffnet; die Heldin der Tragödie ließ sich auf den steilen Schotterdamm hinunter und ging mit dem Schaffner zurück. Zwanzig Minuten später kehrten sie keuchend, jedoch mit leeren Händen zurück; es war ihnen nicht gelungen, die verlorenen Rupien zu finden. Nun kam der dritte Akt: Vollkommen aufgelöst sank das junge Mädchen auf dem schmutzigen Boden zusammen und schlug sich die Brust, während die Mitreisenden sie zu beruhigen versuchten. Dann erschien ein großer Polizist, der kurze Khakihosen und einen roten Papphelm trug. Schüchtern klopfte er dem jungen Mädchen auf die Schulter, und schließlich machte er sich daran, aus ihrem Schluchzen und Jammern seine Meldung zusammenzusetzen.

Mittlerweile hatten sich alle unsere Reisegefährtinnen vorn und hinten im Wagen auf die Bank gestellt, um das Schauspiel zu genießen. Sie wollten unbedingt sehen, ob das junge Mädchen alle Möglichkeiten ihrer Szene ausschöpfte. Ich war – so ist der Mensch – nicht die einzige, die gern gelächelt oder „Da capo" gerufen hätte.

Manche Menschen ziehen es vor, erster Klasse zu reisen; sie ahnen nicht, was sie versäumen.

Nachdem wir um acht Uhr abends in Kodai Road Junction angekommen waren, mußten wir auf den nächsten Morgenbus warten. Ich merkte, daß Ti-Puss den Ort wiedererkannte; denn sie ging geradeswegs auf den einzigen kleinen Sandfleck im Hof zu, am Fuße des Baumes, wo sie vor einem Jahr ihre Krallen zu schärfen pflegte.

Wir verbrachten die Nacht im Wartesaal erster Klasse, zusammen mit drei Damen, ihren Kindern und

Hunden. Die gleiche eurasische Kinderfrau begrüßte uns und lobte Ti-Zolis Zutraulichkeit. Das Kätzchen legte sich zu mir auf den Boden unter das Leintuch, das mich vor Moskitos schützte. Die Hitze war erdrückend; aber bald versuchten alle einzuschlafen. Ti-Puss, die auf dem Fensterbrett saß und durch das Drahtnetz schaute, miaute immer häufiger! Der Ruf des offenen Landes quälte sie.

Auch wenn ich sie ins Badezimmer einsperrte, hätte ihre Stimme die anderen Damen gestört; bis jetzt waren sie reizend gewesen, aber sie mochten die Geduld verlieren. Zum Glück konnten sie nicht erraten, daß ich ein Passagier dritter Klasse war; das wußten nur zwei Inderinnen, die sich nebenan in dem überfüllten Wartesaal zweiter Klasse befanden, nachdem sie vergeblich versucht hatten, hier zugelassen zu werden, wo ich eingedrungen war.

War ich vielleicht von einem leichten Schuldgefühl beeinflußt? Ich werde es nie erfahren; aber ich entschied schließlich, die Katze hinauszulassen: Es waren noch acht Stunden bis zur Abfahrt des Autobusses, genügend Zeit für sie, auf meinen Ruf wie gewöhnlich herbeizukommen, wenn sie es satt hatte, die Umgebung zu erforschen. Warum ihr nicht vertrauen? Außer dem einen Mal, wo sie sich das Schlüsselbein gebrochen hatte, war sie über ein Jahr lang jeden Morgen zu mir zurückgekehrt. In dem schwachen Licht, das vom Bahnsteig hereindrang, flehte sie mich mit beschwörender Stimme an. Die runden Augen in ihrem hellen Gesicht drückten die tiefgründige Eindringlichkeit eines dunklen Lebensdranges aus.

Ich ging zur Türe. Wie eifrig folgte sie mir, schnurrend, mit aufgerichtetem Schwanz! Die Höcker ihres

Rückgrats gaben unter meiner Hand nach, während ich mit der anderen die Türe aufstieß. Auf der Schwelle zögerte sie und atmete den Frieden der Nacht ein. In der Nähe war ein Foxterrier unter einer Bank festgebunden, wo ein Engländer schlief. Langsam ging sie zum Bahnsteig hinter einem Eisengeländer. Dort saß sie lange und schnupperte nach allen Seiten; ihr weißes Geschirr schimmerte. Aus leeren Fischkörben drang ein starker Geruch. Zwischen den Geleisen häuften sich Säcke mit roher Baumwolle – ein großer Reiz für Ratten. Kein einziges Mal blickte sie zu mir zurück.

Sie gehörte der Nacht.

Das war das letzte Bild von ihr, das mir für lange Zeit blieb.

Zwei Stunden später wurde ich durch wütendes Bellen in der Ferne geweckt. Ich schritt den Bahnsteig ab und rief Ti-Puss, falls sie bei mir Sicherheit suchen wollte. Aber hatte sie mit diesem Lärm zu tun?

Um sechs Uhr war meine graue Katze mit dem Silberschimmer nirgends zu sehen. Ich begann eine gründliche ausgedehnte Suche, wobei ich die liebevollen Zaubernamen rief, die sie immer aus ihrem Versteck springen ließen. In der Nähe einer Kulisiedlung scheuchte ich ein Rudel wilder Hunde auf. Beim Güterbahnhof fragten mich die Wächter, was los sei. Ich beschrieb Ti-Puss; sie hatten sie jedoch nicht gesehen.

Was, wenn ich sie nicht fand? Was, wenn sie erst nach zwei oder drei Tagen zurückzukehren beliebte? Oder hatte sie diese Umsteigestelle wiedererkannt und beschlossen, nicht in die Berge zu gehen, wo sie meistens fror? Nein, sie mußte zurückkehren, wenn sie Hunger bekam. Ich ließ den Morgenbus fahren und blieb bis zum Nachmittagsbus, hingegen fürchtete ich noch eine Nacht in dieser erdrückenden Hitze.

Der Kinderfrau erklärte ich, wieviel wir schon miteinander erlebt hatten, die Katze und ich, und wie sehr ich mich an sie gebunden fühlte. Dem Kuli, der mir geholfen hatte, gab ich den runden Korb und versprach ihm fünf Rupien, wenn er mir meine kleine Gefährtin schickte.

Im Autobus blieb mir, während ich die Rückkehr zu einem Leben vollen Atmens genoß, Zeit zum Nachdenken. Wahrscheinlich spielten psychologische Faktoren bei ihrem Verschwinden eine Rolle. Ti-Puss hatte genug von ihrem Kind, das es für selbstverständlich hielt, daß alles um seinetwillen geschähe. Vielleicht hatte sie es vorgezogen, wegzugehen, als meine Liebe mit einer anderen zu teilen. Ich aber wollte sie, sie allein. Ich mußte unbedingt erfahren, wie lange wir unser gegenseitiges Verständnis bewahren konnten, und meine Hand würde sich immer nach ihrem nervösen Rückgrat sehnen. Die passive Ti-Zoli war zu zahm, um mein Interesse so zu beanspruchen wie ihre Mutter. Oder hatte ich sie verloren, überlegte ich weiter, weil ich mich auf einschränkende Weise an sie gebunden hatte? Weil ich unfähig geworden war, die Lehre des Weisen anzuwenden? Fiel ich nun unter das Gesetz, daß man am meisten leiden muß, wenn man am meisten liebt?

Da sie jetzt erwachsen war, würde sie mich nicht so vermissen wie in Raipur. Sie kannte die Welt, und sie konnte sich wehren. Sie würde ihre unbegrenzte Freiheit geniessen, glücklich, endlich den Reisen in einem Korb zu entgehen. Blieb ihr in einem neuen lebensvollen Dasein überhaupt Zeit, den Verlust der vorgesetzten Milch zu bedauern? Sie hatte mich eine Weile begleitet; nun war sie fortgegangen – willentlich oder nicht –, und das war das Ende unserer gemeinsamen schönen Zeit.

Waren vielleicht unsere Freuden größtenteils auf meine Einbildungskraft zurückzuführen? Und diese Liebe, die von mir zu ihr ging, diese Liebe war immer noch ein Teil von mir, wie der Weise gesagt hatte. Ja, sie würde mir fehlen; aber was ich verlor, waren hauptsächlich von mir selbst geschaffene Gedanken. War es wirklich der Wunsch, unter meinen Fittichen zu sein, der sie veranlaßte, Tag für Tag mit aufgerichtetem Schwanz zu mir zu kommen, sich verzückt vor mir im Sande zu wälzen, bis ich ihr samtiges Kinn kraulte? War ich wirklich dazu bestimmt, ihren Schwanz festzuhalten, damit sie ihn lecken konnte, wenn sie auf meinen Schoß sprang, um sich zu putzen? Blieb sie, wenn ich meinen Schlafsack für eine Reise zusammenpackte, ganz gegen ihre Gewohnheit stundenlang bei mir, weil sie befürchtete, sich von mir trennen zu müssen? Konnte sie, wenn sie sich auf ihre Reisflocken stürzen wollte, meine Worte „Laß sie noch einweichen!" erfassen und deshalb geduldig zehn Minuten neben ihrer Schüssel sitzen? Wollte sie mich anlächeln, wenn sie nach jedem fünften Schluck Milch eine Pause machte und mit zusammengeknifften Augen zu mir aufblickte?

Und war nicht dieses ganze Philosophieren ein hohler Betrug in Anbetracht meiner Überzeugung, daß der Kuli sie fangen und mir schicken würde? Ach, mein Verstand betrachtet einen Gegenstand gern von allen Seiten – oder ist es eine Technik, das Schicksal zu besänftigen, indem man vorgibt, sein williger Sklave zu sein? Genug dieser Überlegungen! Ich zog die kalte Schlußfolgerung: „Dies ist das beste Ende unserer Abenteuer. Der Tropfen wilden Blutes in ihren Adern führt sie zu einem Leben in der Wildnis zurück, nachdem sie mich zum Lachen und Lieben gebracht hat, als ich in meiner Einsamkeit Liebe und Lachen sehr nötig hatte. Jetzt bin ich gereift; ich bin gelehrt worden, was für Streiche die menschliche Natur spielt, ich werde nicht in mein eigenes Netz gehen. Ti-Puss, ich danke dir für das Jahr deines Lebens, das du mir geschenkt hast. Ich habe dich geliebt!"

DREIZEHNTES KAPITEL

„Illum"

Diese schöne Vernünftelei verhinderte nicht, daß mein Herz unsinnig klopfte, sooft die Türglocke läutete: „Diesmal muß es ein Autobus-Chauffeur mit meiner Pussy sein!" Nein, es war immer eine von Elisabeths Schülerinnen. Ich hatte beschlossen, drei Tage bei den Casparis in der Highclerc-Schule zu wohnen, weil „mein" Haus, das „Illum" hieß, weit entfernt beim Observatorium lag, viereinhalb Kilometer über Kodaikanal ... und ich erwartete ja die Katze!

Der Berg von Kodaikanal ist allgemein nach Osten ausgerichtet, und man kann sagen, daß sich die weiträumige Siedlung über vier Hauptkämme verstreut. Hinter dem Observatorium verschmelzen diese Kämme in 2400 Meter über dem Meer zu einem weiten Moorland, das sich, von Farnkraut, Rhododendron und Nadelbäumen bedeckt, bis zur Grenze von Travankor wellt.

Käme man mit dem Flugzeug von Norden, so sähe man als erstes den Convent-Kamm (an dessen Fuß meine frühere Behausung „Blackburn" lag), als nächstes den Association Hill, den das Observatorium – nahe bei „Illum" – krönt. Der dritte Kamm, den man die schwedische Kolonie nennen könnte, wird vom See unterbrochen, ehe er viel weiter unten in dem Inderdorf endet. Der vierte Kamm mit der französischen Siedlung ist der malerischste: Er bricht jählings ab in einer herrlichen Klippe, die nach Süden abfällt. Jeden Sommer kehrten meine Freunde, die Valots, zum

Ti-Zoli vor dem Spiegel.

Rande dieser Felsenseite zurück, wo der Monsunnebel emporkletterte und wallte, ehe er sich endgültig zerstreute.

Vom Hinterhof meines Hauses „Illum" beherrschte ich fast diese ganze großartige Landschaft. Außer „Illum" gab es noch drei Häuser auf dem Vorsprung des Berges unter dem Observatorium. Von den Vorderzimmern aus sah ich nach Westen, wo sich die täglichen Stürme rasch erhoben, wo das gewellte Tafelland von fernen schlanken Eukalyptusbäumen eingerahmt wurde. Das erhöhte Plateau, auf dem das kleine Haus stand, war aus einem Hang mit dicht wachsendem Mimosengebüsch, das jedes zweite Jahr beschnitten wurde, ausgehauen worden. Welch ein gemusterter Irrgarten von Sonne und Schatten für die Katze, und wie paßte er zu ihrem gefleckten Fell! Weiter unten, halb verborgen vom Flechtwerk des Waldes, glänzte der Spiegel des Stausees, der unser Trinkwasser lieferte. Der Überlauf bildete einen idyllischen Bach und dann einen märchenhaften Wasserfall.

Das Lebensrad drehte sich weiter, beinahe auf dieselbe Weise wie im vorigen Jahr. Obwohl es ebensowenig zwei gleiche Katzen gibt wie zwei gleiche Blätter oder zwei gleiche Steine, und obwohl Ti-Zoli weniger Temperament hatte als ihre Mutter, hatte sie auch gegen den langsamen Autobus Einspruch erhoben. Auch ihr waren die erstaunten, lüsternen Blicke armer, blasser Kinder gefolgt.

Aufgeregt von der Kälte und dem Bergwind, fraß sie nichts, bis ich zu der Fleischbude auf dem Dorfmarkt ging. Derselbe große Moslem gab mir für zwei Anna Fleisch, obwohl ich sagte, daß es für ein Kätzchen zuviel sei.

„Brave kleine Pussy!" lobte ich, als Ti-Zoli mir zum erstenmal durch Wasser, über Berg und Tal, am Kamm entlang bis zum Kloster folgte, bei dem die Pianistin Aubrey wohnte.

„Wo bist du? Ich kann dich nicht sehen. Komm zu mir!" rief ich in die dunkle Nacht, als wir nach einem Konzert unsere viereinhalb Kilometer zurückkletterten.

Ti-Zoli war nie weit fort und bereitete mir keine solchen Ängste wie ihre Mutter.

Abends bat sie jammernd um Einlaß in den warmen Schlafsack, und sie schnurrte aus vollem Herzen; aber sie zerwühlte in ihrer Freude nie die Vigognedecke. Sie spielte auch nie wie eine Verrückte stundenlang und erfand keine eigenen Spiele. Den Ohrenspitzen und dem Schwanzende fehlte der Ausdruck, wenn die Schakale heulten, wenn die Amseln auf dem Fensterbrett landeten, oder wenn der Schwanz einer Kuh sie lockte. Sie dachte gar nicht daran, unterwegs einen Baum zu erklettern und von der Astgabelung stolz auf mich herabzublicken.

Sie hatte nur eine Eigenart: Obwohl sie sich vor der Nacht sehr fürchtete, mußte sie in der Dämmerung hinaus. Dann ging sie geradewegs auf den nächsten Baum am Rande des Mimosendickichts zu und kletterte hinauf. Dort oben war sie, ohne sich zu rühren und unempfindlich gegen die beißenden Windstöße, zwei bis drei Stunden verloren für die Welt. Dachte sie wohl an die großen Tage in der Geschichte ihrer Gattung, als Bäume lebenswichtig waren? Ich rief sie umsonst; sie schaute, sonst das folgsamste Geschöpf, durch mich hindurch und gab nicht das geringste Zeichen einer Antwort.

Im übrigen hatte ich endlich eine Katze, die ich behandeln konnte, wie ich wollte, die sich je nach meiner Laune necken und liebkosen ließ; aber ich hätte nie gedacht, daß ein Kind von Ti-Puss so langweilig und verschlafen sein könnte, so ganz ohne den urtümlichen Charme der Mutter, dieser wachen, durchdringenden Gegenwärtigkeit, die zu sagen schien: „Ich bin ein funkelnagelneues Wesen, diese Minute erst geboren: Die Welt ist erstaunlich und aufregend. Auch wenn ich faul vor mich hin döse, bin ich auf dem Sprung. Was, ich soll ein Gewohnheitstier sein? Wer sagt das? Wenn ich in der Abenddämmerung herumlaufe, so tue ich das, weil mir der kühle Wind Kraft verleiht, nicht weil ich es gestern getan habe. Was ist gestern? Wo ist gestern? Für mich gibt es nichts außer dem Sein. Und mit jedem neuen Impuls tue ich diese Wahrheit kund."

Schöne Ti-Puss! Ich war dir nicht ganz treu; ich wünschte mir eine leichter zu behandelnde Katze, und wahrscheinlich machte ich deshalb deinem langen, schlanken Körper die Türe auf. Und ich hatte Angst vor deiner schlechten Laune, wenn wir während deiner nächsten Trächtigkeit reisen würden. Bist du glücklich? Ich sehe jetzt ein, daß dein leidenschaftliches Temperament mich in Spannung hielt und meine Liebe anfachte. Dieses wachsende Gefühl war voller ungeahnter Reichtümer, Sorgen und Zärtlichkeit; aber es befähigte mich auch, der Lehre von der Nichtidentifizierung mit unserem Tun und Fühlen nachzuleben, der Lehre, die notwendig ist, wenn man über die Spannung unserer entgegengesetzten Pole hinaus einen Mittelpunkt haben will.

Wochen vergingen. Alle Bewohner der Ebene hatten Kodai verlassen. Ich hatte dem Sohn meiner neuesten

Nachbarn, einer Tamilenfamihie aus Madras, Französischstunden gegeben. Jetzt war ich allein und genoß einzigartige Sonnenuntergänge mit kupferfarbenen Wolken über dem Moorland rings um den Stausee.

Während einer dreitägigen Wanderung von dem Waldbungalow Pombarai nach Kukkal hatte ich Ti-Zoli bei Casparis gelassen, deren Haus sie gut kannte. Aber am Abend meiner Rückkehr wurde ich vor der Türe von „Illum" von Ti-Zoli mit einem entzückenden Willkommen empfangen ! Sie hatte ihr neues Heim verlassen, weil das schwarze Kätzchen Fluffy, wie ich später erfuhr, ihre Anwesenheit nicht gern gesehen hatte. Meine gleichmütige Katze war außer sich geraten, als sie feststellte, daß ein Lebewesen häßlich zu ihr sein konnte. Sie mußte über die ihr bekannte Landstraße nach „Illum" gegangen sein. Als sie das Haus geschlossen fand, unternahm sie den weiten Weg über die schwedische Kolonie zum französischen Kamm, wo sie die Valots daheim antraf. Und von dort ging sie, obwohl Marcel ihr Milch gab, am gleichen Abend fort.

„Tapfere, liebe kleine Pussy! Du bist gescheiter, als ich dachte, trotz deines Schielens. Du würdest wahrscheinlich interessant werden, wenn ich mir mehr Mühe mit dir gäbe. Soll ich dich doch behalten?"

Nicht weit von den Valots, neben der großen Felswand, wo wir gern herumkletterten, wohnte Frau Van, die Besitzerin der einzigen Tee-Pflanzung in Kodai. Sie besaß neun Katzen, die überall in ihrem Garten spielten, und sie schien an der Beschreibung meiner Abenteuer mit Ti-Puss Spaß zu haben. Ich glaube, sie war die älteste Bewohnerin von Kodai. (Das älteste englische Grab auf dem Friedhof trägt das Datum von 1876; es ist das Grab eines Mannes, der – wie die Grabschrift sagt – von einem Bison getötet wurde.) Sie kannte die Kinderfrau vom Bahnhof sehr gut, und sie hatte ihr wegen meiner luchsartigen Katze geschrieben.

Gleichzeitig war Aubrey nach Madras gefahren, um dort ein Konzert zu geben. Ich hatte sie gebeten, sich mit der Kinderfrau in Verbindung zu setzen.

„Katze gefunden. Besitzerin soll kommen", lautete der Text eines von der Kinderfrau unterzeichneten Telegrammes, das Frau Van mir ein paar Tage später durch ihren Hundehüter sandte.

Große Freude erfüllte mich!

„Kleines, deine Mutter ist gefunden worden ... warte hier auf uns. Ich werde dich einschließen. Ich bin nicht sicher, ob ich heute abend zurück sein kann."

Ich rannte den ganzen Weg nach Kodai hinunter und nahm eiligst eine kleine Flasche Milch aus Elisabeth Casparis Küche mit. Mein Herz lebte auf; denn sein Kompass wies auf „Wiedervereinigung".

Von dem kalten Regengeriesel der Berge, wo ich froh war, über einer gutzugeknöpften Flanellbluse einen Regenmantel zu tragen, hinab über viele Haarnadelkurven zu der feuchten Hitze des Tieflandes – der Geruch der Auspuffgase des großen Autobusses bereitete mir beinahe Übelkeit, bis ich mir die Freiheit nahm, auf den Postsäcken zu liegen.

Dort war der überfüllte Bahnhof, unsere letzte Haltestelle, der Wartesaal ... wie ich rannte!

„Die Katze ist bei mir zu Hause eingesperrt", sagte die eurasische Kinderfrau. „Wollen wir hingehen? Ihre Katze war schwer zu fangen, die Scheuerfrau und der Kuli wurden arg zerkratzt ..."

Ihr einsames Haus stand auf der anderen Seite des Gleises. Sie öffnete das Türschloß, ging hinein, begrüßte ihre eigenen Kätzchen und machte die Türe zu einem Lagerraum auf. Hier war meine Katze mit einem Strick um den Hals; ihr weißes Geschirr war fort. Mit struppigem, verstaubtem Fell schmiegte sie sich ans Bein der Kinderfrau.

„Ti-Puss! Mein armer Liebling!" Sie rieb sich an meinem Fußknöchel, nahm mich als etwas Selbstverständliches hin. Sie machte einen harten, eckigen Eindruck. Ich schenkte etwas Milch aus, während ich der Kinderfrau zuhörte.

„Als ihre Freundin wegen ihres Konzerts herkam, glaubte sie, Ihre Katze hinter dem Gleis sitzen zu sehen. Sie rief sie, wobei sie Ihre Stimme sehr gut nachahmte. Sie sah das Tier reagieren und langsam näherkommen. Aber ihr Zug fuhr gerade ein! Es tat ihr leid, daß sie fort mußte. Ich kannte diese Katze sehr gut, da sie jeden Abend auf dem Bahnsteig erschien, wenn der Schnellzug aus Trivandram ankam."

„Was sagen Sie? Ist das Ihr Ernst?"

„Ei, freilich! Bestimmt in den letzten drei Wochen ... mindestens. Aber diese Katze hatte kein Geschirr, und ich fand sie auch zu gelb. Dann erhielt ich einen Brief von Frau Van, die mir schrieb, daß Ihre Katze Sie sicher suchte. Zwei Tage später kam Ihre Freundin durch. So gelang es uns, die Katze anzulocken und im Wartesaal zu fangen."

Auf dem Wege zum Autobus wartete eine ganze Reihe von Kulis auf mich; jeder wollte eine Belohnung haben und behauptete, meine Katze gefangen zu haben!

Sowie ich saß, machte ich den Korb auf, voller Ungeduld, dieses fremde Tier zu betrachten, das ich kaum mehr als das meine empfinden konnte. Es sah nicht nur wie ein Staubwedel aus, auch alle Weichheit war fort! Es war hart und kompakt wie ein Hund. Der steife runde Rücken brachte mich auf den Gedanken, daß es die ganze Zeit verkrampft in der Gabelung eines Baumes gesessen hätte. Es ließ sich von mir eine Seidenschnur in Achterform um den Leib winden; ich wollte verhindern, daß es dem Chauffeur auf die Schulter sprang.

Der Autobus kroch weiter. Ich hielt die Katze auf dem Schoß fest und gab ihr dreimal in einem Becher Milch zu trinken, die sie aufschleckte. Dann endlich drückte sie ihre Gefühle aus, wie um zu sagen: "Gerade das habe ich vermißt!" Sie stieß den Kopf in meine Armbeuge, rieb die Ohren an meiner Hand und zerknüllte meinen alten Regenmantel, wobei sie immerzu heiser schnurrte, als ob ihre Kehle nach sechswöchiger Untätigkeit eingerostet wäre.

Sie schlief ein, und ich stelle mir vor, daß es ihr gefiel, auszuruhen, ohne wachsam bleiben zu müssen. Kodai Road konnte ihr kein sehr erfreuliches freies Leben geboten haben.

Ich war glücklich, sie wiederzuhaben. Gewiß, ihre Tochter war „leichter". Wenn ich es eilig hatte, paßte sie sich meinem Schritt an, ohne eigene Gedanken in ihrem Köpfchen zu haben, und sie ließ sich liebkosen. Aber Ti-Puss, so herrlich originell, machte das Leben interessant. Und im ganzen scheine ich das Schwierige zu lieben. Ich fragte mich, ob dieses fremde Tier gewillt wäre, mein Wanderleben weiter zu teilen.

Wieder in dem kühlen Klima der Bergstation, ging ich trotz Nacht und Nebel zu Fuß zum Observatorium. Aus unsichtbaren Gärten drang der Duft von Thymian und Minze durch die große Stille.

Ti-Puss folgt mir über die breite Furt.

Wie froh war ich, heimzukommen und in den kleinen Sessel zu sinken, ehe ich mich an der offenen Feuerstelle zu schaffen machte, wo ich mein Essen kochte. Aber ein tiefes Knurren erfüllte das Zimmer. Nachdem Ti-Puss ihre Tochter entdeckt hatte, zwang sie sie in einen Winkel; dann nahm sie ihre Rechte wahr, sprang auf meinen Schoß und rollte sich zum Schlafen zusammen. Sie bebte vor Haß, und als ich sie streicheln wollte, fauchte sie und biß mich, weil sie dachte, sie hätte es wieder mit ihrer duckmäuserischen Tochter zu tun. Was für ein Leben!

„Ich muß Ti-Zoli fortgeben. Und heute nacht, meine Teuren, werdet ihr getrennt schlafen. Ich werde meine Ti-Puss behalten, sie wieder zähmen, ihr zeigen, daß sie der Liebling ist und keinen Grund zu Eifersucht hat."

Das tat ich. Aber Ti-Zoli miaute kläglich hinter der kalten Türe, das erstemal in ihrem Leben von meinem Bett verbannt.

Es dauerte gut zwei Wochen, bis Ti-Puss wieder normal war. Das wilde Dasein hatte sie abgehärtet, aber ihre Lahmheit verstärkt. Der halb in den Schultern versunkene Kopf hatte die starken Kiefer eines Fleischfressers entwickelt, so daß sie ein breites Gesicht hatte statt des hübschen Dreiecks eines Schlangenköpfchens. Dunkle Narbenstreifen verdarben den Samt ihrer Nase. Wenn sie schlief, wagte sie sich nicht zu entspannen, sondern die vier Beine waren stets sprungbereit. Warum knurrte sie mich mitten im Schnurren an, wenn ich ihr den Hals kraulte? Und was veranlaßte sie, in der einen Minute meine Hand zu lecken und in der nächsten danach zu beißen?

Der Bäckerjunge, der ihr ein halbes Brötchen gegeben hatte, dachte, er könne ihren langen, schmalen Rücken streicheln; aber eine gefährlich bewaffnete, flinke Pfote belehrte ihn eines Besseren. Entzückt von ihrer noblen Erscheinung, beschloß mein junger Nachbar Muthukrischna Dewadoss, sich mit ihr anzufreunden; er brachte ihr sein winziges Kätzchen; doch sie verwünschte es mit aller Macht.

Wir waren wie ein altes Ehepaar, das es noch einmal miteinander versucht. Jeder kannte die Gewohnheiten des anderen, und wir machten einander Konzessionen. Aber ich wußte, daß ich mit dem Streicheln aufhören mußte, wenn ihr Schwanz zuckte. Andererseits wußte sie, daß ich nicht länger warten würde, wenn ich ihr zwei Minuten gegönnt hatte, einen aufregenden Geruch zu ergründen, der sie festbannte, und sie folgte mir dann bereitwillig.

Ich trug Ti-Zoli in ihr neues Heim, wobei ich mich auf dem Wege bisweilen im Kreise drehte, damit sie die Orientierung verlor. Der Korb war mit dickem Papier ausgelegt, so daß sie die Straße nicht sehen konnte; sonst hätte sie, wie ich wußte, den Weg nach „Illum" zurückgefunden. Ich hatte Hilde Ellsberg, die weit fort am Convent-Kamm wohnte, überzeugt, daß sie nicht mehr ohne eine fellige Gefährtin leben könnte. Das Kätzchen würde dort glücklich sein und besser gefüttert werden als in „Illum".

VIERZEHNTES KAPITEL

Beisammen

Ich war neugierig, ob meine Ti-Puss immer noch wie früher mit mir spazierengehen würde. Ich rief sie. Ja, sie kam, blieb jedoch in einigem Abstand zurück und schnüffelte an jedem Blatt, wobei sie sich den Anschein gab, als sähe sie mich nicht. Aber sie konnte es nicht durchführen: Ein großer Galopp voraus, den Schwanz seitwärts gebogen wie den Henkel einer Teetasse, und dann ein Sprung auf einen Baum, der mit seinen Mimosenblüten ganz gelb überpudert war. Das gefiel ihr, sie mußte zu mir zurückrennen und ihre intensive Freude ausdrücken; sie wälzte sich zu meinen Füßen und zeigte ihren cremefarbenen Bauch mit den hellgrauen Flecken. Als wir zwei Minuten später aus dem duftenden Mimosenwald auftauchten und die kleine Brücke beim Damm des Stausees erreichten, wurde sie von demselben leidenschaftlichen Drang zu mir getrieben.

Fast jeder Spaziergang – aber nur, wenn wir allein waren – bescherte dieses große Entzücken, das geteilt werden mußte. Das ging so jahrelang weiter, bis ich zu dem Schluß gelangte, daß gewisse Tiere uns brauchen, um sich voll zu entwickeln. Wenn meine Hand der warmen, lockeren Haut ihres Rückens folgte, verhalf ihr das vielleicht dazu, sich ihrer selbst bewußt zu werden, zu „wissen", daß sie warm und glücklich war, verhalf ihr zu einer Art objektivierten Wissens, das sich von ihren gewöhnlichen unmittelbaren und undifferenzierten Erlebnissen unterschied. Auch daheim war sie versessen darauf, gestreichelt zu werden, jedoch zu stolz, darum zu bitten. Wenn sie merkte, daß ich meine Hand nicht nach ihr, sondern nach einem Wörterbuch ausstreckte, versuchte sie zu gähnen, wie um ihre Enttäuschung zu bemänteln, während sie mich aus den Augenwinkeln beobachtete, um zu sehen, ob ich über ihren Irrtum lachte.

Der kleine See und sein Abfluß lagen in einem geschützten Tal hinter unserem Bergrücken. Obwohl sich westlich von dem See offenes Moorland ausbreitete, war dieser verlassene Ort voller Geheimnisse. Viele buschige Pfade sorgten für unsere kurzen Spaziergänge. Ich kehrte immer durch die Gärten meiner beiden Nachbarsvillen „Riverside" und „Skebawn" zurück, die zur Zeit leer standen; dort freute ich mich, während ich mit der Katze verstecken spielte, an den letzten Rosen des Jahres. Lupinen und gelbe Margeriten säten sich in steinigen Blumenbeeten aus. Eines Tages sah ich in einem schattigen Winkel die flammende Majestät der Amaryllis. Es waren drei Blüten, und ich hatte keine Ruhe, bis ich sie trotz der Widerstandsfähigkeit ihrer Stiele in der Hand hielt – mir preisgegeben! Der verwirrte Ausdruck der Katze machte mich nachdenklich.

„Ja, Ti-Puss, was ist dieser Drang, abzureißen und zu besitzen ... meine Lust, so das Schicksal der Blume gewalttätig zu bestimmen? Ist es nicht derselbe Drang, der mich wünschen läßt, dich zu zähmen, dich meinem Willen zu beugen? Immer der gleiche Wunsch, sich etwas zu eigen zu machen, diese Gier, die nie gestillt werden kann. Wenn man den geliebten Gegenstand besitzen will, tötet man ihn, während man sich selbst begrenzt, und man vergißt das, wodurch alles ist, sagt die Lehre. Wann werde ich mich mit allem eins fühlen ... imstande sein, dich und die Blume zu lassen, wie ihr seid, ohne euch zu stören? Natürlich kann es so nur im Paradies sein, wo es kein Ich und kein Nicht-Ich gibt. Freilich, ich kann mir nicht vorstellen, daß der Maharischi jemals eine Blume pflückt! Das Zweitbeste, was ich tun könnte, wäre, dem tibetischen Nomaden nachzueifern, den ich einmal traf. Obwohl er ein überzeugter Buddhist war, tötete er ein Schaf; aber er war darauf bedacht, diese Tat nicht in selbstsüchtigem Sinne ‚abzuschließen'; er widmete das Schaf jener Ordnung der Dinge, die größer ist als wir alle. Auf diese Weise wurde für das Schaf gesorgt, als ob es in seiner Weiterentwicklung vorwärts getrieben würde; es wurde ihm tatsächlich geholfen, indem man es schlachtete; es konnte Dankbarkeit fühlen, anstatt dem Tibeter böse zu sein!"

Bildeten diese stolzen Amaryllisblüten, die ich ihrem Boden entrissen hatte, ein Beispiel für meine selbstsüchtige Gier? „Ja", sagte ich zu mir, „ich begehre sie als Schmuck für mein Zimmer. Aber nicht nur das. Ich brauche sie, um mich daran zu erinnern, wie man leben sollte – strahlend, großzügig, durchs eigene Leben fortwährend das Leben preisend ... die einzige würdige Haltung, um ein Teil dieses großen Mysteriums zu bilden. Ihr harmonischen Blumen, mein Vergnügen ist nicht das wichtigste. Laßt mich euch dieser Lebensfreude widmen, dieser Liebe zum Leben, dem ‚Juwel im Lotus', das die Tibeter suchen, das wir alle suchen, ob wir es wissen oder nicht."

Ja, es ist gut, unter allen möglichen Tieren und Blumen zu leben, die unsere Atmosphäre heiligen!

Durch einen plötzlichen Regenguß lief ich, gefolgt von der springenden Katze, nach Hause, zündete das

Feuer an und machte Tee. Unser großer Friede war vollkommen, und das Schnurren der Katze vertiefte ihn. Ich wünschte, ich könnte auch schnurren! Und es verlangte mich außerdem danach zu weinen – vor Glück natürlich. Ich dachte über das geröstete Brot nach, in das ich gerade biß. Was für ein gutes Ding, welch herrliche Erfindung ist geröstetes Brot! Es ist eine vollkommene Verbindung einer braunen knusprigen Oberfläche mit goldener Butter, die schmilzt, ehe sie eindringt. Die helle Mitte, die den Zähnen weich nachgibt, strömt duftende Wärme aus, die an ein gesundes, sonnenverbranntes Kind erinnert.

„Hrram-rra", sagte die zufriedene Katze, die warme Gefährtin. Jeden Tag konnte ich etwas berühren, das durchaus glücklich war und es stark auszudrücken vermochte. Ich war wirklich bevorzugt. „Eines Tages werde ich dein Lob singen müssen, Ti-Puss. Aber ich weiß nicht, wie man singt, und ich weiß nicht, wer du bist! Das ist ein Hindernis ... Willst du mir helfen? Aber warum wirst du ganz dumm oder ganz und gar ausdruckslos und schaust mich an, als ob ich chinesisch spräche? Weil du zu höflich bist, mir zu sagen, daß ich eine Närrin bin, die Saat eines Wunsches zu säen, indem ich eine solche Bemerkung mache? Was glaubst du denn, wie lange ich dir gewärmte Milch anbieten werde, wenn du so tust, als ob du dir nie, nie im Leben aus dieser weißen Flüssigkeit etwas gemacht hättest?"

Zum Schluß ließ sie sich, wie um meine Laune zu befriedigen, dazu herab, brav ein wenig daran zu lecken.

Sie machte immer dasselbe ausdruckslose Gesicht, wenn ich eine Türe schließen wollte, während sie sich auf der verkehrten Seite befand: Wollte sie sehen, wie lange ich die Türe angelehnt lassen würde, und wie sehr ich ihr ausgeliefert war? Wenn ich die Türe ungeduldig schloß, miaute sie manchmal, damit ich wieder öffnete.

Ich nahm alle früheren Gewohnheiten unseres Zusammenlebens wieder auf. Ich wurde es nie müde, die Intensität zu beobachten, mit der sie lebte, wie ganz und gar konzentriert sie trank, mit reglosem Schwanz, das Hinterteil in der Höhe, die Vorderpfoten gekrümmt wie die eines Krokodils, während ihre gerunzelte Nase in der Untertasse plantschte.

Sie konnte sehr lustig mit den langen Stielen in der Blumenvase spielen; aber sie wußte, daß es gefährlich und verboten war. Sie zögerte, wenn ich sie schalt, und leckte ein paarmal an ihrer gebogenen Pfote wie eine Dame, die ihre Fingernägel betrachtet, wenn sie plötzlich verlegen ist. Aber sie bepfotete die Blume von neuem, und dann gab sie sich mit schuldbewußter Miene, wenn sie meinen Ruf hörte, den Anschein, als hätte sie sich in einen Stein verwandelt; nur ihre Augen rollten von den Blumen zu mir und zu einem möglichen Rückzugswinkel.

Ich liebte ihre possenhafte Anpassung, und meine Stimme fand dann wieder ihren zärtlichen Ton: „Du dummes kleines Ding! Komm zu mir! Ich werde dich nicht ausschimpfen."

Unser aufregendster Spaziergang führte zu dem großen Eukalyptuswald und darüber hinaus. Da gab es immer einen schwierigen Augenblick, wenn wir der Straße zum Observatorium folgten. Bauern, die Stöcke oder Mimosenreisig trugen, versetzten die Katze in Panik, so daß sie einem Versteck zuschoß. Aber meine große Freude an ihren Galoppsprüngen verlieh mir viel Geduld. Ein abfallender, parkähnlicher Garten umgab die beiden unbewohnten Bungalows der Wissenschaftler vom Observatorium; hier ließ ich mich in der heiteren Sonne neben einem duftenden Jasminstrauch auf einer Steinstufe nieder. Solch ein Augenblick stand in starkem Gegensatz zu dem nahen starren Wald.

Dort betraten wir eine abseitige Welt, wo vor allem das starke Rauschen des Windes herrschte. Es war wirklich beunruhigend, und auf dem ganzen Rücken trug die Katze ihre Furcht wie eine gefährliche Flosse. Trotzdem folgte sie mir über feuchte Pfade, wo sich der federnde Schlamm mit einem Teppich schmaler, gebogener toter Blätter mischte. Ab und zu blieb sie stehen, um sich zu vergewissern, daß ich ihr Weitergehen wünschte. Manchmal lauschte sie mit erhobener Pfote einem sonderbaren Geräusch: dem scharfen Klopfen einer Holzfälleraxt, die einen großen trockenen Baumstamm traf. Von weitem klang das, als würde ein Tennisball vom Rakett eines Meisterspielers kräftig getroffen. Oder das „Gejammer" eines Ochsenkarrens regte sie auf. Wenn diese Karren eine steile Straße bergab fahren, werden sie mit einem Holzklotz gebremst, der fest an den Kranz der hohen Räder gepreßt wird.

Vögel, Insekten, Gerüche, hohle Baumstämme fesselten sie, und indem ich sie beobachtete, lernte ich den Wald beobachten. Wenn sie auf einem überwachsenen Pfad den Weg weiter vorn nicht sehen konnte, bekleidete ihre Furcht sie mit einem Mantel aus flaumigen Haaren, der in einem Fuchsschwanz endete ... ein seltenes und bezauberndes Geschöpf.

Hinter dem Walde, auf dem Gipfel der Welt, ruhte ich aus, und sie schnurrte auf meinem Schoß, zufrieden mit sich selbst und vielleicht auch mit mir.

Fern im Westen blickte ich nach Travankor. Der Kamm, auf dem ich saß, beschrieb einen weiten Halbkreis nach Nordosten; dort drüben traf er mit dem Gipfel des Convent-Kammes zusammen – diesen Spaziergang fand ich am schönsten. Ich bin überzeugt, daß Katzen ein weites Panorama lieben, wenn auch nur wegen der Luft, die Gerüche der Wildnis hat.

Auf dem Rückweg waren die Entdeckerfreuden vergessen. Sie war müde, und sie ging im Schritt, mit gesenktem Kopf wie ein heimkehrender Bauer. Beim Gang entfaltete sich das Spiel der Schulterblätter: Sie rollten kräftig und warfen die fellige Haut bei jedem Schritt seitwärts wie bei einem Wolf oder Tiger.

Bisweilen setzte sie sich mitten auf den Weg, wie um zu sagen: „Das geht zu lang!" Weiter tat sie nichts. Dann wurde es Zeit, sie zum Spiel mit dem dünnen Ende einer Eukalyptusrinde zu veranlassen. Die Bäume schälten sich nämlich, und manche dieser Rindenzungen waren über drei Meter lang. Diese harmlose „Schlangenart" begeisterte sie sehr.

Wenn sie unsere Straße bei der Biegung zu unserem Bergrücken wiedererkannte, galoppierte sie voraus, und bei jedem Sprung zeichnete ihr glänzendes graues Rückgrat eine leichte Kurve in die Luft, so gleichmäßig wie die eines Delphins im Kielwasser eines Schiffes.

Wegen der Katze bemühte ich mich, täglich einen neuen Weg einzuschlagen; das machte sie wachsamer, aufmerksamer, und auch mir bereitete es Vergnügen. Wenn wir einem Weg folgen, den wir kennen, spielt ja das Gedächtnis eine Rolle: Wir können uns nicht so ganz dem gegenwärtigen Augenblick hingeben wie beim ersten Mal. Ich weiß noch, als ich den Wald erforschte und zum jenseitigen Rand gelangte, umrundete der Pfad den offenen Hang, und dort flammte gerade über mir eine leuchtend rote Gloriole in der blassen Sonne. Diese unerwartete Röte warf mich in Selbstvergessenheit. Dann meldete sich der Verstand und zerstörte das Erlebnis: „Ach ja, ein Rhododendronbaum in seiner zweiten Blüte!"

Als Beryl, die Katzenfreundin, bei mir wohnte, erstaunte es sie, zu sehen, wie meine glückliche Ti-Puss ihre Freude kundgab. Besonders in dem Kiefernwald. Die gefällten Bäume, der Harzgeruch, das trockene Nadelbett versetzten sie in wilde Begeisterung. Sie rieb sich, schnurrte, biß meine streichelnde Hand, sprang mir auf den Schoß, wälzte sich mit vorgerecktem Kinn auf dem Boden, rutschte auf dem Rücken mit den wellenförmigen Bewegungen eines Seehundes, der im Sande spielt.

Um keinen Spaziergang zu versäumen, folgte sie mir sogar durch die seichte Furt über dem Wasserfall. Manchmal äußerte sie allmiauend Widerspruch und blickte mit hängenden Schnurrhaaren etwas ängstlich drein – die Steine waren sehr schlüpfrig, und ihre Krallen erwiesen sich als nutzlos. Auf diesen wunderbaren Teil unserer Welt werde ich noch zurückkommen.

Nur selten verließ sie mich und kam viel später als ich allein nach Hause. Dann war es zwecklos, sie zu rufen. Vor Mitternacht war sie stets zurück, glücklich, in meinen Schlafsack kriechen zu können, wo sie sich mit der Nase zwischen meiner Wange und Schulter einen Durchgang bohrte. Drinnen wohl geborgen, drehte sie sich einmal um sich selbst, ehe sie sich neben meiner gleichmäßigen Wärme ausstreckte. Ihr Kinn ruhte dann zart auf meinem Arm, ihre schnurrenden Rippen vibrierten an meinen, und ihre ungeteilte Wonne machte mir den Augenblick kostbar. Einem dunklen Bittsteller, schwarz wie die Nacht, der zu jammern und leicht ans Fenster zu klopfen pflegte, schenkte sie nicht die geringste Aufmerksamkeit.

Aber wo war dieser schöne Bewerber eine Woche später, als sie Tag und Nacht nach einem Gatten schrie? Ihre wiederholte Frage „Aou?“ wurde so lästig, daß ich sie im Badezimmer einsperrte. Außer sich verdoppelte sie einfach die Häufigkeit ihres Rufes. Als meine Geduld erschöpft war, steckte ich ihr Hinterteil in einen Eimer eiskalten Wassers. Das nützte, und es herrschte Stille, bis sie sich trocken geleckt hatte!

Außer bei sehr starkem Regen gingen wir täglich hinaus. Unser längster Spaziergang führte am Observatorium vorbei und weiter den Kamm entlang, der den Halbkreis zum Convent-Kamm beschrieb. Wenn der wilde Wind blies, konnte man es wahrhaftig einen Spaziergang durch den Himmel nennen. Nach den flammenden Rhododendronbüschen und einem abschüssigen Mimosenwald, wo man über knorrige Wurzeln stolperte, die zweifellos bösartige Gnome verbargen, kamen weite, offene Flächen, wo wir über Gras liefen, durch trockenes braunes Farnkraut brachen, über Bäche sprangen oder federnden Schrittes einem eingesunkenen, torfartigen und ganz schwarzen Pfade folgten.

Wir gelangten zu den drei Kreuzen auf der Höhe über dem Hause der Pianistin Aubrey, die meine Pussy in Kodai Road wiedererkannt hatte. Hier ruhten wir uns nach anderthalbstündiger Wanderung aus. Die Stille und die Einsamkeit ringsum erfüllten uns mit tiefer Zufriedenheit; die Katze in der gleichen Stimmung zu sehen, bedeutete für mich die höchste Freude – ein vollkommener Augenblick, mit untergeschlagenen Beinen so zu sitzen und die Katze auf dem Schoß zu haben!

Plötzlich rannte sie zur Baumgrenze hinunter, erkletterte einen Stamm und blieb wie ein Eichhörnchen droben, regungslos, die Rinde fest mit den Vorderpfoten umklammernd. Sie spielte Angst mit gesträubtem Rückenfell, gebogenem Schwanz, flach angelegten Ohren, rollenden großen Augen und vorgestellten Schnurrhaaren. Welch ein Spiel und welche Schönheit in dem Spiel!

Weiter unten ließ ich davon ab, sie zu rufen, und schlich mich weg, während sie in der Erde grub. Aubrey besaß einen katzenfeindlichen Foxterrier, und es war kein Vergnügen für Ti-Puss, zwei Stunden auf einem Schrank zu verbringen.

Wenn sie draußen blieb, wurde der Hund eingesperrt, und wenn ich Ti-Puss später zu einem Trunk Rahm rief, tauchte sie aus einem Lilienbeet auf, wohingegen ich sie noch im Walde vermutet hatte.

Ich stimmte Aubrey zu, als sie sagte, daß ich auf unseren Spaziergängen viel Geduld aufbringen müsse. Wenig Zwang konnte dabei ausgeübt werden; der Drang der Katze, mich zu begleiten, entsprang ihrem guten Willen und ihrem Vergnügen. Es machte sie entschieden stolz, weit zu laufen und ihre Angst zu meistern, wenn sie die vertraute Umgebung verließ; und falls mich meine Einbildungskraft nicht sehr täuschte, empfand Ti-Puss auch eine tiefe, feine Freude an unserem stummen Verstehen. Ich spreche nicht von Dankbarkeit: Dieses Gefühl erwächst aus der Erinnerung an Vergangenes; hingegen gibt es für Katzen nur die Gegenwart. Ich für meinen Teil hatte es ihr zu verdanken, daß ich an den gegenwärtigen Augenblick gebunden wurde: Es war unmöglich, über die Vergangenheit oder die Zukunft zu brüten, wenn sie bei mir war. Sie machte jede Minute intensiv; sie zwang mich, die Einzelheiten, die wir unterwegs sahen, wirklich zu erleben, und an keine Spaziergänge erinnere ich mich so gut wie an diejenigen, die wir zusammen unternahmen. Das bewirkte, daß ich sie noch mehr liebte, was mir dazu verhalf, „mein Herz zu erheben" nach der Lehre meines Meisters. Und die ganze Zeit wußte ich, welche Spannung und Würze unseren Spaziergängen durch die Gewißheit verliehen wurden, daß das kleine Biest den Entschluß fassen könnte, seine eigenen Wege zu gehen! Dadurch ward jede gelungene Wanderung zu einem neuen Wunder ... ja, dieses Wort ist nicht zu stark.

Aubrey hatte gerade Arthur Waleys Buch *Monkeys Pilgerfahrt* gelesen, in dem die Pilgerreise des Chinesen Hsuan Tsang beschrieben wird, der in Indien, von seinem klugen Tier begleitet, die höchste Weisheit sucht. Als sie mir das Buch lieh, neckte sie mich: „Du bist der ängstliche, irrende Pilger, und Ti-Puss ist das ruhelose Genie!"

Zurück gingen wir einen neuen Weg, weil dies das beste Mittel war, die Katze in meiner Nähe zu halten. Ich durchquerte das Bear Schola-Tal aufs Geratewohl, indem ich mich durchs Gebüsch arbeitete, bis wir die nördlichen Hänge unter dem Observatorium erreichten. Wenn ich jemals einen geheimnisvollen, verzauberten Ort gesehen habe, so war es dieser, besonders in der Abenddämmerung unter den niedrigen Zweigen des verlassenen und überwachsenen Wyadra-Parkes. Dichte Kiefernhecken umgaben moosige Lichtungen, so verborgen, daß sie von Elfen besucht werden konnten. Die Katze miaute nicht mehr, um über ihre Müdigkeit zu klagen. Entzückt blieb sie nahe bei mir, während ich auf den Zehenspitzen ging, und lauschte den seltsamen Lauten der allmählich erwachenden Nachtvögel.

Ja, es war immer eine Quelle des Vergnügens, die Katze zu beobachten, wenn ich es auch bedauerte, daß ich nicht zeichnen konnte, um ihre verschiedenen Stimmungen im Bilde festzuhalten. Im Zwielicht hätte sie mit der Fledermaus verwandt sein können: Die Art, wie ihre Ohren aufragten, die für den kleinen Kopf viel zu groß waren und fast gar keine Haare hatten, und die dünne Haut mit den durchschimmernden Adern erinnerten an einen Fledermausflügel.

Wenn sie aber durchs Gras schlich, auf einen sorglosen Vogel zu, der sich in einer Hecke das Gefieder putzte, war sie eine gleitende graue Schlange mit langem gestreiften Schwanz.

Sprang sie wild über Brachfelder, so war sie ein halber Hase, glücklich, kräftige Hinterbeine zu haben; der erhobene Schwanz ließ ein weißes Hinterteil sehen mit einem kleinen schwarzen Schlüsselloch.

Wenn sie sich durch hohes Gras vorbewegte, wobei ihr geschmeidiger Schwanz langsam wedelte wie eine Flosse, war sie ein dunkler Karpfen. Aber sie wurde ein schlanker, heller Barsch, wenn sie sich wälzte und auf dem Rücken hin und her rollte, weil ihre siedende Tatkraft sich selbst „fühlen" wollte.

In der Abenddämmerung, wenn die runden Augen in dem hellen Gesicht ganz schwarz waren und die breiten Ohren sich fragend nach vorn richteten, war sie ein Rehkitz, ängstlich und von Schüchternheit überwältigt. Am Tage, wo sie den Garten mit ungekünsteltem Besitzerstolz überblickte, war sie eher einem Rehbock gleich, der stolz seine zackige Krone trägt.

Obwohl ich diese verschiedenen Aspekte ihres Wesens deutlich empfand, muß ich doch betonen, daß sie die Großartigkeit bei allem, was sie tat, dadurch erreichte, daß sie Katze war, nur Katze, einfach Katze, die ganze Zeit. Intensität, Verspieltheit, Unmittelbarkeit, diese drei Wörter fassen das Wesen des Katzenhaften, scheint es mir, am besten zusammen.

Wenn sie einen Vogel anschlich, pflegte ich sie zurückzurufen und zu tadeln. Sofort legte sie ihren schurkenhaften Chinesenausdruck ab. Die Schlitzaugen wurden große Scheiben, die äußerste Verwunderung zeigten. Ihre Beteuerung unbedingter Unschuld war so stark, daß sie besagte: „Siehst du denn nicht, daß ich soeben vom Himmel gefallen bin?“

Täglich haben Katzen die absonderlichsten Einfälle, die sie zu echten Clowns machen: Sie werden Ausdruck reiner Unmittelbarkeit, und niemand kann sagen, woher ihre einzigartigen Kapriolen stammen. Aber es gibt keine Katze, wert dieses Namens, die nicht sekundenlang innehält und sich über ihre eigene Darbietung wundert. Es ist gesagt worden, Katzen seien Geschöpfe mit regelmäßigen Gewohnheiten. Das finde ich nicht. Ich habe nie, nicht einmal in Bezug auf körperliche Bedürfnisse, regelmäßige Gewohnheiten festgestellt. Im Gegenteil, ich habe den Eindruck, daß ihre Stimmungen oder Unternehmungen unberechenbar sind. Und ich bin Coomaraswami dankbar, der folgenden Satz geprägt hat: „Kunst ist eine Nachahmung jener vollendeten Unmittelbarkeit – das Einssein von Intuition und Ausdruck bei denen, die vom Himmelreich sind, welches in uns ist."

Ich möchte noch einen von demselben Autor stammenden Ausspruch zitieren, da er mir geholfen hat, wenn ich über die Katze und mich selbst nachdachte; er definiert die Schönheit und die darauf bezügliche Gemütsbewegung. Schönheit ist ein Zustand, der niemals Objekt des Wissens werden kann, und nach Wischwanatha ist dieses Erlebnis folgendermaßen zu deuten: „Sie ist rein, ungeteilt, selbstoffenbar, gleichmäßig aus Freude und Bewußtheit zusammengesetzt, frei von Beimischung irgendeiner anderen Wahrnehmung, die wahre Zwillingsschwester mystischen Erlebens, und ihr eigentliches Leben ist übersinnliches Wunder. Sie wird von jenen genossen, die durch Einswerdung dazu befugt sind."

Ganz richtig! Ohne Wahrnehmung gibt es sie nicht. Für jene, die sie nicht wahrnehmen, hat meine Katze ebensowenig Schönheit wie der schreckliche Christus in der Kathedrale von Perpignan. „Man kann nur mit dem Herzen richtig sehen. Das Wesentliche bleibt fürs Auge unsichtbar."

FÜNFZEHNTES KAPITEL

Kap Comorin

Im Dezember wohnten wir in Trivandram bei einem der ältesten Schüler von Atmananda. Sein Haus, das „Divakara Mandiram" hieß, stand abseits der bevölkerten Straßen am Ende einer schattigen, gewundenen Gasse; die sechs Zimmer im Erdgeschoß waren erfüllt von einer friedlichen Atmosphäre. Hohe, mit Pfefferranken behängte Bäume versperrten ringsum die Aussicht; aber von meinem Schlafzimmer aus konnte ich in den Nachbarshof sehen, in dessen Mitte ein bemooster Brunnen war. Dort drüben zerstampften die Mägde Reis in einem großen Mörser; abwechselnd stießen zwei einen riesigen Stößel hinein, und dieses dumpfe Gehämmer dauerte fast den ganzen Vormittag an.

Die Katze verbrachte viele Stunden auf unserer niedrigen Mauer und beobachtete gespannt sowohl alle ein- und ausgehenden Leute als auch die unruhigen gestreiften Backenhörnchen, die in dem alten Brotfruchtbaum herumturnten. Wie ich lauschte sie mit Vergnügen den regelmäßigen Gesangsübungen der Töchter des Hauses. Immer wieder ließ ihr Gesangslehrer sie die Tonleiter wiederholen: „Sa-ri-ga-ma-pa-dha-ni!", die durch die Zwischenton-Intervalle ganz anders als die unsrige klingt. Katzen haben Musik gern; sie schätzen den Stimmklang, und ich konnte Ti-Puss in einen Trancezustand des Entzückens versetzen, indem ich einfach sang: „Meine Schöne! Meine Schöne!"

In unserem Hause herrschte Stille außer am Morgen, wenn der große steinerne Walker über die Steinplatte gerollt wurde und Ingwer, Chili, Pfeffer und Kräuter zu einer mit Kokosnußfleisch vermischten Paste für die Currysauce zerdrückt wurden. Der Hausherr war in seinem Regierungsbüro, der Sohn studierte nebenan in dem alten strohgedeckten Haus, wo die Katze in der Dachrinne oft die Backenhörnchen jagte. Die typischen Häuser in Travankor haben spitze Giebel, die mich an China erinnerten. Ihre Form stammt vielleicht aus der Zeit, als der Dachfirst aus biegsamem Bambus hergestellt wurde.

Das Badehäuschen war im Winkel unseres Gartens, und ich ging manchmal mit einem Regenschirm hin, um meine sauberen Kleider vor peitschenden Regengüssen zu schützen. Die Aborte befanden sich auf dem angrenzenden Feld. In der Regenzeit hörte man den täglichen Regenschauer schon aus der Ferne drohen. Mächtig, aber verworren kam das Getöse daher, alle anderen Geräusche erstickend. Dann barst die Wolke plötzlich in der Nähe zu unzähligen großen Tropfen, die auf die Blätter der Bäume und Palmen prasselten und sie wie Schilde funkeln ließen.

Bisweilen schlenderte ich durch den Hain beim alten Palast von Trivandram und betrachtete das gemächliche häusliche Leben vor den Eingeborenenhütten, die von apfelgrünen Palmen beschattet wurden, während die Bananenbäume mit ihren großen, einfachen Blättern winkten. Eine gelbhäutige Frau mit weißem Lendentuch, die auf der roten Erde saß, löste ihr schwarzes, ölglänzendes Haar. Eine andere, elendgrün von der Malaria, kämmte sich mit matten Fingern. Bei einem altersgrauen niedrigen Palmdach hielt ein dralles braunes Mädchen eine blutrote Hibiskusblüte in der Hand. Ein anderes, das Reis stampfte, hatte eine goldene Hautfarbe, scharfgezeichnete, längliche Malaienaugen, zart geschwungene üppige Lippen; ihr Obergewand war nicht um die Schultern gerafft, sondern nach Tahiti-Art unter den Armen zusammengesteckt, so daß die Arme frei arbeiten konnten. Muße, Krankheit, Mischblut ... Nun begriff ich, warum Gauguins Bilder flächig sind: Unter dem trübmatten Gewölbe der metallischen Palmen gibt es keine Schatten und keine Plastik.

Unsere Gastgeber waren strenge Vegetarier; aber sie hatten nichts dagegen, daß ich meinen Liebling mit Fischen fütterte. Die Hausfrau belustigte sich über Ti-Puss' regelmäßiges Erscheinen zur Kaffeezeit. Sehr damenhaft saß die Katze dann da und wartete auf Leckerbissen – gebackene Nudeln oder Semmeln – und behielt sich die magischen Schritte ihres Fütterungstanzes für die Hauptmahlzeit des Tages vor.

Der Hauptraum des Hauses, der überhaupt keine Möbel enthielt, diente sowohl als Eß- wie als Schlafzimmer. Er hatte vier Doppeltüren, die im Bedarfsfall einen gesunden Durchzug ermöglichten. Beim Essen saß man mit untergeschlagenen Beinen vor einem Bananenblatt (man legte sich ein zusammengefaltetes Tuch unter den Fußknöchel, wenn sich noch keine schützenden Schwielen gebildet hatten). Bei der Haustür stand Wasser bereit, das man sich über die Hand goß, mit der man gegessen hatte. Das Bananenblatt wurde nach Gebrauch auf den Abfallhaufen geworfen, womit die Geschirrwäsche erledigt war.

Wenn ich mich abends in mein Zimmer zurückzog, breitete die Familie Strohmatten auf dem Fußboden aus, die tagsüber mitsamt den winzigkleinen Kissen in einem Schrank aufbewahrt wurden. Ich war froh, auf einem Tscharpoy unter einem Moskitonetz schlafen zu können. Dann herrschte Stille bis auf die ewige lange Klage des schweren Windes.

Wenn ich nachmittags zu dem Weisen ging, hielt ich die Katze davon ab, mir zu folgen, weil der Weg zu weit war.

Ti-Puss, die ein feines Empfinden für die Atmosphäre hatte, war in „Divakara Mandiram" glücklich. Unsere Hindufreunde bewegten sich auf den bloßen Füßen ebenso lautlos wie sie. Da ich mit der Frau nicht malajalam sprechen konnte, wurde nicht geredet, bis der Mann heimkam; wenn man nicht redet, lächelt man häufiger! Die Frau war die verkörperte Harmonie. Trotz ihres grauen Haares sah sie jung und anmutig aus; sie trug nur ein weißes Leibchen und das lange weiße, um die Hüften gewundene Tuch. Ich verfolgte ihre Bewegungen mit tiefer Bewunderung, nicht nur in der Küche, die ich betreten durfte, weil sie keine Brahmanin war, sondern auch bei ihren sonstigen Hausarbeiten. Als erstes pflückte sie jeden Morgen von den nächsten Sträuchern einige Hibuskusblüten, die sie auf einer schimmernden Kupferschale in den kleinsten Raum trug, der in eine Kapelle verwandelt war, und als Opfergabe vor dem Sinnbild Sat-Tschit-Anandas, der unbegrenzten Bewusstheitsfreude, niederlegte. Ein paar Weihrauchstäbchen wurden verbrannt, und sie begann ihre Gebete zu sprechen. Ich war nur einmal dabei, und aus den Augenwinkeln sah ich, wie heiter und schön ihr sanftes Gesicht beim Meditieren wurde. Der Raum war erfüllt von ihrer feinen, reinen Frömmigkeit.

Am Abend fand der zweite religiöse Akt des Tages statt, ebenfalls in der Kapelle: Die traditionelle Lampe wurde angezündet. An jedem Dochtende erglänzten einige leuchtende Punkte, rund und ganz stetig, wie weiße, unkörperliche Perlen, während der zarte Geruch des heißen Kokosnußöls die stille Luft durchdrang. Dieses Licht zwischen Tag und Nacht versinnbildlichte das unkörperliche Licht der Bewußtheit, das zwischen jedem unserer Gedanken und Zustände wie auch zwischen Leben und Tod leuchtet.

Man berührte die Stirne mit etwas heiliger Asche, um mit einem Zeichen anzudeuten, daß man den Tod und seine Ursache liebt, den Tod des Ichs, wenn endlich das Karma im Feuer des Wissens ausgelöscht ist und man in der wahren Wesenheit erglänzt. So weisen Licht und Asche auf dasselbe Prinzip hin; an uns ist es, die Mahnungen zu wählen, die uns am meisten zusagen. Ich persönlich hatte mich, auch durch andere Übungen, soweit gebracht, die Katze als einen „Hinweis" aufs Letzte zu betrachten. Es war nichts Mechanisches an dieser inneren Bewegung, die meinem Herzen entsprang; sie war jeden Tag anders und führte mich oft über das Verstandesmäßige hinaus. Es begann meistens folgendermaßen, wenn ich meine Katze anschaute: „Ja, ich fühle deine Wärme, ich höre dein Schnurren, ich sehe dich, wie du mich siehst, und ich spüre Frieden, aber nur durch die Macht der Bewußtheit, die vor diesem Erleben kommt. Nur durch diese Bewußtheit können wir einander sehen. Sie ist die ganze Zeit da; du und ich handeln dadurch; ohne Hilfsmittel oder Sprache befähigt sie uns, miteinander in Verbindung zu stehen. Reine Bewußtheit, unbegrenzt und immerdar vollkommen, immerdar unveränderlich, ist unser Kern. Es gibt nichts als dies."

Mit weitgeöffneten Augen und Ohren versuchte die Katze alles aufzunehmen, als wir in einem Expressautobus nach Kap Comorin fuhren, dem südlichsten Zipfel Vorderindiens, den Lewis mir zeigen wollte. Kap Comorin ist einer der sieben heiligen Orte der Hindus. Ich hatte beschlossen, meine Katze mitzunehmen, damit sie nicht aus „Divakara Mandiram" fortlief, wenn sie dort allein wäre. In den scharfen Kurven machten unsere Autoreifen unangenehme Zischgeräusche, und ich brauchte einige Zeit, um mich an die Art zu gewöhnen, wie wir an den Körben vorbeisausten, die auf den Köpfen der am Straßenrand gehenden Leute balancierten. Unser wohlgepflegter, breitschultriger Chauffeur hatte das undurchdringliche Gesicht eines eleganten südamerikanischen Tangotänzers.

Wie an der Eisenbahnstrecke gingen auch hier die Dörfer ineinander über, und Travankor ist immer noch, wie sein Name besagt, „Wohnsitz des Wohlstandes". (Auf dem bebauten Gebiet kommen 1072 Einwohner auf die Quadratmeile; rechnet man die ausgedehnten Urwälder mit, so sind es immer noch 668.) Später werden die Palmen und Reisfelder von dem trockenen Felsenland abgelöst, das für das Tamilengebiet kennzeichnend ist.

Die Landstraße endete bei einem großen Baum neben dem „Tschoultry" von Kap Comorin, dem Pilgerhospiz, wo wir übernachteten. Nur zu Fuß gelangt man zum äußersten Zipfel dieses Erdteils. Der Tempel heißt nach der Tempelgöttin Kannja Kumari – jungfräuliche Prinzessin. Sie hätte Schiwa vor dem Morgengrauen ehelichen wollen; aber er verspätete sich unterwegs. Da er bei Sonnenaufgang erst den nahen Satschindram-Tempel erreicht hatte, mußte er dort bleiben. Der für die Hochzeit zubereitete Reis wurde in einen Sandhügel verwandelt, der immer noch vorhanden ist.

Nachdem ich mit Ti-Puss einen Spaziergang gemacht hatte, band ich sie an einer Fensterstange fest und hoffte, sie würde begreifen, daß es an diesem Ort wegen der vielen streunenden Hunde gefährlich war. Wie die übrigen mir bekannten Tschoultrys war auch das Hospiz in Kap Comorin aus massiven Steinen für Jahrhunderte gebaut, sauber und mit nichts anderem als mit Steinbetten ausgestattet. Wir hatten die Zeit der Pilgerfahrten vermieden. Es gab auch ein Hotel in europäischem Stile, aber außerhalb des Blickfeldes, so daß die Gegend ganz unverdorben aussah.

Das Meer rauschte parallel zu dunklen Wolken unheildrohend heran, und die Wogen brachen sich an dem schwarzen Felsen, auf dem der niedrige Tempel steht. Die rechteckigen Mauern des Tempels, wie jene in Courtallam senkrecht rotweiß gestreift, hoben sich von einem weiten Himmelsgewölbe ab, das dort, wo sich der Ozean bis zum Südpolarland ausdehnt, von unendlichem Licht übergossen war.

Eine geschützte kleine Bucht diente drei rundlichen Mädchen als Badeplatz. Sie waren in feuchte Tücher gehüllt und lachten, daß die Zähne in ihren braunen Gesichtern blitzten. Der schwere Knoten ihrer Zöpfe wurde aufgelöst, und eins der Mädchen warf einen falschen Zopf ans Ufer. Der kleine Bruder, der ihre Saris bewachte, band den Zopf um das Kleiderbündel.

Von dem Tempel, der das Ende des Festlandes bezeichnet, führt eine von alten Häusern und kleinen

Gaststätten gesäumte, schmale Straße zu einer Treppe und einem Mantapam, wo während der Prozessionen die Sänfte der Gottheit aufgestellt wird. Hier wartete eine aufgeregte Kinderschar auf den Priester, der die täglichen Opfergaben von süßem Reis unter sie verteilte.

Jeden Nachmittag führte ich Ti-Puss zur windgeschützten Stelle des Mantapams, wo ein kleiner Garten angelegt war, und wo man auf drei Seiten einen Blick über den Ozean hatte. Die Katze paßte sich in den Augenblicken der inneren Sammlung meiner Stimmung an; ihre Gesellschaft war ein kostbares Geschenk.

Trotz der starken Brandung hatte die Luft Mittelmeer-Charakter, da Kap Comorin keine Gezeiten kennt und infolgedessen keinen so starken Jodgeruch hat. Die trockene, bröselige, staubige Erde erinnerte mich an Südfrankreich, wo die Dachziegel auch rot sind, die Bevölkerung gern müßiggeht und der Wind ermüdet, wenn er vom Lande weht. Als ich die Tempelglocken hörte, dachte ich an die Glocken von Saintes Maries de la Mer und das dortige Fest: Auch dort waren die heiligen Frauen dem Meer entstiegen – wahrscheinlich als Ersatz eines früheren Aphroditenkultes.

Die flachen Boote der nackten Fischer hingegen waren echt asiatisch: lang und schmal; ihre beinahe waagrechten braunen Segel konnten sich wie Fledermausflügel zusammenfalten.

Ich wurde es nie müde, das heilige Kap zu betrachten, dessen Felseninseln eigensinnig aus den Wellen emporragen, als wollten sie Wache halten. Vor langer, langer Zeit, ehe der Ozean ihn überspülte, stand noch ein älterer Tempel fünfunddreißig Kilometer weiter südlich. Man erzählt sich, daß vor zehn Jahrhunderten der berühmte Weise Schri Sankara ins Meer stieg, um die in den versinkenden Tempel eingemeißelten Verse zu lesen. Von hundertacht Sprüchen las er einundvierzig, die das Buch „Rausch der Schönheit" bildeten. Der heutige Tempel, bar aller kegelförmigen Türme, geht auf das zehnte Jahrhundert zurück. Weit von hier entfernt hatten auch die Griechen auf dem geheiligten Boden eines Kaps einen Tempel errichtet. Aber hier schien die Atmosphäre von einer subtilen Kraft belebt, da an dem Ort seit so langer Zeit gebetet worden war.

Ich sah die zu dem Tempel führende gedeckte Galerie, durch die Lewis und ich am vergangenen Tage gegangen waren, weil wir den „Puja", den Abendgottesdienst, hatten sehen wollen. Die Wärter hatten uns das Umherstreifen erlaubt, so daß mir dieser Besuch unvergeßlich geblieben ist.

Das Gebäude war verhältnismäßig klein und friedlich im Vergleich zu den wimmelnden Menschenmassen in Madura, wo der Tempel eine Stadt innerhalb der Stadt ist. Die geräumigen Hallen, deren flache Decken aus Balken und massiven Steinplatten bestanden, hatten keine Fenster und waren dunkel. Der süßliche Geruch der Fledermäuse, die sich in der Haupthalle tummelten, durchtränkte die drückende Luft. Große schwarze Statuen trugen schalenförmige Behälter für Öldochte; eine der Statuen hatte einen grimmigen Ausdruck und die Adlernase eines Raubvogels. Etwas Ägyptisches schien über den dunklen viereckigen Säulen, über den massiven Wänden des blinden Innenraums zu liegen. Ein Priester wandelte ringsum und streute Blumen und Reiskörner als Opfer für die Göttin dort drinnen. Wir folgten ihm. Auf dem erhöhten Podest des geheiligten Raumes sprudelte aus einem gemeißelten Stein das „Badewasser", das über die Göttin gegossen worden war, in eine Steinröhre – Milch, Honig und Kokosnußöl. Der Geruch war weniger widerlich als an dem gleichen Ort im Tempel von Madura.

Ein dünner brauner Mann mit weißgegürteten Lenden ging an uns vorbei; er trug auf seinem langbehaarten Haupt eine schlanke Silberstatue. Welches Land, welche Epoche oder welche Religion hätte er nicht vertreten können? Er war zeitlos, und irgendwie ließ er mich vergessen, wo ich mich befand. Ein genau geregelter und nicht menschlicher Lebensprozess erfüllte das uns umgebende matte Licht. Indische Tempel sind nicht für die Gläubigen gebaut, sondern als Behausung ihrer Götter. Und Götter wird es geben, solange nicht alle Menschen im Geist und in der Wahrheit anbeten können.

Das Innere des Gebäudes, das Allerheiligste, hatte eine nach Osten gehende Türe; wir betraten es über einige Stufen. Ein großer, halbnackter Mann zelebrierte hinter einem Vorhang, den er bisweilen als Handtuch benutzte. Er zündete viele Lampen an, deren Öl in kleinen Schalen oder Untersätzen brannte; er läutete eine Glocke mit Silberklang, verbrannte Weihrauch, schwenkte ein Licht.

Der Vorhang wurde aufgezogen, so daß die Göttin drei Meter von uns sichtbar wurde. Wir lehnten an einem Kupfergeländer, dicht umdrängt von mehreren Familien, die Früchte und Süßigkeiten als Opfergaben darboten. (An diesem Tage trug ich ebenfalls einen weißen Sari.)

Die Göttin Kannja Kumari zeigte ein strahlendes Gesicht, das sehr blaß und anscheinend mit Sandelpaste bestrichen war; zwei prachtvolle Diamanten, einer auf der Nasenspitze, der andere mitten auf der Stirne, blendeten die Augen gleich züngelnden Flammen; die Außenwinkel ihrer schwarzen Augen waren abwärts gebogen und verliehen ihr einen unasiatischen Ausdruck. Unter den vielen Blumengirlanden, die ihren Körper bedeckten, schimmerten ihre goldenen Brustplatten durch. Ihre rechte Hand hielt einen Rosenkranz – sie betet fortwährend, mit Schiwa vereint zu werden.

Es heißt, daß das Außentor des Tempels, das in einer Linie mit der nach Osten gerichteten Achse des innersten Raumes liegt, früher immer offen stand, bis in einer Sturmnacht ein Segelschiff an den Felsen des Kaps zerschellte, weil der Widerschein der Lichter, die die beiden Diamanten der Statue bestrahlten, im Dunkeln so stark war, daß der Kapitän ihn für das Licht eines fernen Leuchtturms hielt!

Kurz vor dem Betreten des Tempels hatte ich ein merkwürdiges Erlebnis, ganz unvorgesehen. Auf der von einem weißen Baldachin überdachten Galerie trafen wir eine kleine Kannja Kumari, die auf ihrer Sänfte gerade von einer Prozession zurückgebracht wurde. Die kupferne und goldene Gestalt lag seitwärts auf glänzenden Kissen aus Seidenbrokat. Unter einem hohen Rubinendiadem trug ihr uraltes Antlitz ein hartes Lächeln. Man sollte ja nicht ihre Form lieben, sondern das, was sie darstellte. Eine schimmernde Metallhand ruhte auf ihrem gebeugten Knie; viele Girlanden und Halsbänder aus Goldmünzen – darunter Sovereigns mit dem Bildnis der Königin Viktoria – bedeckten das Vorderteil ihres rotseidenen Gewandes; eine große goldene Mondsichel, das Wahrzeichen Schiwas, glänzte auf diesem Schmuck. Die Sänfte war aus Silber und wies schön ziselierte Hirsche, Löwen und Elefanten auf; die Ziermuster hatten die saubere Glätte des Alters. So viel Prunk rings um dieses strenge Gesichtchen wirkte fast so machtvoll rätselhaft wie die kolossale Sphinx von Giseh.

Dann begann ein großer junger Mann mit einer Adlernase (nicht unähnlich der schwarzen Statue mit dem grimmigen Gesicht, die mir in meiner Unwissenheit unindisch erschienen war) die Göttin zu entkleiden. Alle die Halsbänder und Juwelen kamen in Kästchen, deren Polsterung ein auserlesenes Blumenmuster zeigte; Arme und Beine, die abnehmbar waren, ließen erkennen, wie das Gold in die Metallunterlage gehämmert war. Silbertöne schimmerten auf dem polierten, abgenutzten Gesicht. Ein tiefer Eindruck wurde zwischen den Augenbrauen sichtbar, wo ein Finger seit ungezählten Jahren das Kastenzeichen wiederholt aufgedrückt hatte – die einzige menschliche Berührung mit dieser harten, uralten Gottheit.

Der Höhepunkt wurde erreicht, als durch das Lösen der Bänder, die sie auf einer Unterlage festhielten, ihr Gewand abfiel und sie nackt dastand bis auf einen engen Lendenschurz, der das metallene Fleisch der Hüften nach oben in eine Metallrolle preßte. Sie stellte das Mysterium der Allkraft dar, den gestaltlosen Ursprung von allem, aber für jene gestaltet, die für ihren Glauben einer konkreten Stütze bedürfen.

Liebevoll, selbstverständlich und ungezwungen ging der junge Mann seiner Arbeit nach; dann hob er das schwere Gewicht mit Hilfe seines Vaters auf und trug die Statue in die Halle, wo sie gebadet werden sollte.

Er hatte uns in gutem Englisch erzählt, daß dieses Amt seit siebenhundert Jahren in den Händen seiner Familie lag. Stolz auf dieses Vorrecht, folgte er den Fußstapfen seines Vaters, glücklich, mit der Göttin, von der er lebte, weiterspielen zu können, indem er sie anzog, schmückte, badete und zur Ruhe legte.

Tags zuvor hatten wir eine andere Religion erlebt. Einen Kilometer nordwärts erhob sich zwischen prächtigen, das Fischerdorf beschattenden Palmen eine große und düstere syrische Kirche, die tausend Christen Platz bot. Sie war leer bis auf den weißhäutigen gemarterten Christus, den eine graue Wolke trug. In dem anschließenden Pfarrgarten wandelte ein Mann mit braunem Gesicht und eng anliegendem weißen Rock. Unterwegs waren wir an vielen kleinen Kapellen mit dem Doppelkreuz vorbeigekommen, und die nackten Kinder, die uns begleiteten, trugen ein silbernes Heiligen-Medaillon um den schwarzen Hals.

Als ich Lewis bei dem Mantapam traf, stellten wir beide fest, daß wir müde waren und etwas trinken mußten. Ich rief die Katze und trug sie auf der Hüfte, während wir zu dem besten Café in der einzigen Straße von Kap Comorin hinuntergingen.

Mit seinen Deckenbalken und den polierten Tischen unterschied sich das Café von den üblichen Notbehelfslokalen Südindiens. (Immer wieder habe ich bemerkt, daß sich nur unsere abendländischen Augen an häßlichen Einzelheiten stoßen.)

Der Jüngling, der uns einen ausgezeichneten Kaffee vorsetzte, hatte ebenso wie seine beiden Freunde im Hintergrund des Raumes das eindrucksvolle Gleichgewicht und die „Geschlossenheit“ des Brahmanen; ihre feste Stirn war hoch (auch wenn der Kopf nicht teilweise geschoren wäre); das lange, zurückgestrichene und locker geknotete Haar fiel ihnen auf die Schulterblätter, und die tiefen Pupillen unter den dichten Wimpern ließen das Geschaute in sich einsinken, so daß es unendliche Bewußtheit wurde.

Ti-Puss rollte sich auf meinem Schoß zusammen; ich liebkoste sie mit solcher Freude, daß wir auf die Berührung zu sprechen kamen und die Welten, die sie eröffnet; zweifellos konnten meiner Katze durch meine Hand vielmehr Botschaften vermittelt werden als mir durch ihren elektrischen Körper. Ernst hörte der Brahmane unserem Gespräch zu. Mit gewinnender Freiheit berührte Lewis den seidigen Arm und die langen Finger des jungen Mannes – eine undenkbare Gebärde bei einem orthodoxen Hindu. Lewis gab zu, daß ein solches Unterfangen ein Wagnis war; aber er erklärte mir, daß der Jüngling es herausgefordert hätte; er wäre neugierig gewesen, zu sehen, was der Engländer tun mochte. Lewis wagte oft solche Annäherungen, weil er geistig ganz losgelöst davon war und sich darauf geschult hatte, ein ungebundener Beobachter zu bleiben. Auf diese Weise war die Gebärde für sich, war autonom.

Die Berührung erschließt seelische Welten, von denen der Abendländer wenig weiß; darum wird er von der Liebe überwältigt und verliert den Kopf. Künstler sind anders, und weil sie verschiedene Welten betreten und meistern können, mißtraut man ihnen oft.

Die Inder befassen sich fortwährend mit diesen subtilen Welten, wo ein Blick eine feurige Berührung ist oder ein Schweigen gleichbedeutend mit einer Tragödie im Abendland. Unsere fortwährende Selbstbehauptung hat einen Panzer geschaffen, den nur die

Liebe zu durchdringen vermag. Der traditionelle Hindu hingegen, der von eigenen Problemen frei ist, bleibt fast ganz losgelöst. Es genügt ihm, zu sein, was er ist – ein Mitglied seiner Kaste. Jeder Augenblick kann für ihn zu einem vollkommenen Erlebnis werden, wohingegen bei uns erst eine Reihe von Ereignissen dazu führt.

Während Lewis sprach, dachte ich über mein Verhalten mit der Katze nach. Offensichtlich hemmte ich unsere Beziehung, da ich nicht frei war, wenn ich Ti-Puss liebkoste; ein Teil von mir wünschte ihre kleine Freudenreaktion zu vernehmen, nicht nur weil sie glücklich sein sollte, sondern weil ich mir auch einbilden wollte, nützlich zu sein! Waren es vielleicht diese an meine Liebkosungen geknüpften „Ketten", die mir den Zutritt in ihre Welt verwehrten und die Ti-Puss dann und wann meine Liebe ärgerlich zurückweisen ließen?

Es war unklug von mir, der Folgsamkeit von Ti-Puss zu trauen und ihre halbe Gefangenschaft in Kap Comorin zu verlängern, da sie stets den Entschluß fassen konnte, davonzulaufen. Aber Lewis und ich brauchten noch einen Tag, um den nicht sehr entfernten Hill of Herbs zu besuchen, von dem viele Geschichten erzählt wurden. Von einem ihm befreundeten Apotheker in Madras hatte Lewis erfahren, wie man zu einem einsamen Jogi kommen konnte, nämlich durch einen unterirdischen Gang, der hinter einer Steinplatte an der Ecke einer verfallenen Kapelle auf halber Höhe des Berges begann. Wir nahmen eine Taschenlampe mit, außerdem einige Orangen für den Fall, daß wir den Jogi anträfen. Er sollte dort seit zwanzig Jahren als Büßer leben und sich nur von ein paar Reisflocken nähren.

Wir gelangten zu dem Berg, der auf der einen Seite ganz felsig war, und fanden auch die verfallene Kapelle, die der Beschreibung des Apothekers entsprach. Aber eine Familie picknickte in der Nähe, und da wir nicht gesehen werden wollten, wie wir im Berg verschwanden, kletterten wir weiter zum Gipfel, wo wir das ungeheure Panorama genossen.

Als wir hinunterkamen, sahen wir die Familie in der Nähe zum geheimnisvollen Höhleneingang; ein Kind schlüpfte gerade hinein! Wozu da noch warten? Wir stiegen ein und fanden bloß eine Höhle von zwei Meter im Geviert, aber keine Spur von einem unterirdischen Gang.

War die ganze Geschichte nur ein Spaß auf Kosten der Fremden, die unbedingt einen Jogi kennenlernen wollten? Es sah tatsächlich so aus.

SECHZEHNTES KAPITEL

Der große Teich

Wieder einmal fuhren Ti-Puss und ich quer durch Südindien zur Ostküste, um etwa zwölf Kilometer vom Meer und von der französischen Stadt Ponditscherri zu wohnen. Ich hatte mich entschlossen, ein neues Buch zu schreiben. Für diese Arbeit brauchte ich vollständige Einsamkeit, einen großen Tisch und eine Lampe, die nachts hell brannte. Trivandram, wo ich mit anderen Menschen zusammen lebte, kam ebensowenig in Frage wie Tiruvannamalai, wo es keinerlei Bequemlichkeiten gab.

Unser großes Haus, das, von Reisfeldern umgeben, an einem See – Großer Teich genannt – lag, wurde von den Valots nur am Wochenende benutzt. Ein Faltboot und zahlreiche aufgehängte Badeanzüge zierten einen der Räume im Erdgeschoß.

Im ersten Stock bildete das Dach der Veranda eine Terrasse, auf der ich ärgerlich hin und her lief, wenn ich meinen Schreibtisch aus Mangel an Einfällen verlassen mußte. Dort oben war das Zimmer, wo ich schlief, arbeitete und auf dem Petroleumkocher das Essen kochte. Die Nahrungsmittel holte ich mir mit dem Fahrrad vom Markt in der Stadt. Rund um das ganze Haus bis zur hinteren Außentreppe zog sich ein Gesims, das Ti-Puss Bewegungsfreiheit verlieh. Sie war trächtig und verließ selten das Haus.

Jeden Abend beobachtete sie mit großem Interesse meine Jagd auf Küchenschaben; aber natürlich zog sie das Spiel mit einer Maus vor, die in die Luft geworfen, geküßt und geliebt wurde, ehe die Katze ihr endgültig den Garaus machte. Sie fürchtete den Gärtner, den scheuen und fast nackten Subrajan, der uns die Milch brachte und Brunnenwasser in die Zisterne pumpte. Aber sie war kühn genug, eine verfallene Bambusleiter zu erklettern, die auf unser flaches Dach hinaufführte: Sie hegte nämlich ein leidenschaftliches Interesse für die Sittiche, die den ganzen Tag in dem dunklen Gezweig einer Tamarinde ihr Wesen trieben. Aus diesem Laubwerk kam auch das schrille Geschrei der liebestollen Backenhörnchen – ein aufreizender Laut wie ein schwaches, halb ersticktes Pfeifen.

Wenn Ti-Puss auf meinen Schoß sprang, konnte ich es nicht mehr dem kalten Wetter zuschreiben; ihre Aufmerksamkeiten rührten mich mehr als die Schmeicheleien eines Mannes. Ich konnte nicht nein zu ihr sagen, und ich schob alles auf, was ich gerade tun wollte, um ihr Vertrauen, ihr Werben um meine Freundschaft nicht zu enttäuschen. Wenn ich ihr glänzendes Köpfchen streichelte, drückte sie mit der Art, wie sie wonnevoll die Augen schloß und das Kinn reckte, innigen Dank aus. Überdies bat sie so entzückend darum, daß ich manchmal vorgab, sie nicht zu verstehen: „Was ist, Ti-Puss? Möchtest du gestreichelt werden? Geliebkost? Ist's möglich? Also, hör zu. Ich liebe dich wirklich, mein kleines Fellbündel. Wir lieben einander. Aber schau, sobald eine Fliege herumschwirrt, bin ich vergessen! Ist es nicht so? Ein dicker Brummer entspricht deiner Vorstellung von einem Vergnügen. Und du kannst dich sehr gut selbst bedienen."

Wenn sie auf meinem Tisch saß und ich ihr Profil betrachtete, ohne die Pupille zu sehen, sah es aus, als ob Gold ihren Kopf füllte, das durch die Kristallkugel neben ihrer zarten Nase schimmerte. Schaute sie mich aber an, wenn die Sonne sie beschien, so waren die Augen strahlende Stachelbeeren voll tanzenden Lichtes, rund und reif am Anfang einer dunklen Linie, die zum Ohr pfeilte.

Ich liebte meine langen, einsamen Abende – so kurz waren sie, wenn ich arbeitete; das Summen der Benzinlampe, die gepumpt werden mußte, wenn der Druck nachließ, erfüllte sie. Nichts rührte sich in meiner Welt außer den großen Fledermäusen, den langen Fühlern der Küchenschaben und den ewigen Sternen. Es war mir zumute, als lebte ich hier seit Urbeginn.

Wenn ich mit meiner Arbeit zufrieden war, ging ich mit der Katze über einen Kiesweg zu einem weichen Sandpfad, den Cashewnußbäume und steife Aloen mit bläulich spitzen Blättern säumten. Ein Wiesenstreifen zog sich am Ufer des Sees hin, angenehm den bloßen Füßen eines Badenden, der sich dem Wasser näherte. Der große Regen war längst fällig, und der zusammenschrumpfende See hatte das Aussehen einer angebrannten Gemüsesuppe! Die erwachsene Ti-Puss wimmerte nicht mehr, wenn sie mich zu einem schwimmenden Ding verkleinert sah, das zwischen Wasserpflanzen zu paddeln versuchte. Aber sie galoppierte immer noch mit seitwärts geworfenem Schwanz wie ein tolles Kätzchen, sobald eine freie Strecke vor ihr lag.

Nachdem wir dem Damm gefolgt waren, überquerten wir ein Brachfeld und ruhten uns eine Weile auf den Stufen einer einsamen Kapelle aus, beobachtet von grauen Eulen, die unbeweglich auf dem Oberbalken hockten. Leicht erschrocken, mit unglaublich vergrößerten Augen, glich die Katze diesen hochmütigen

Vögeln, nur daß ihre Ohren im Mondschein zu sehen waren. Pallas Athene, die griechische Göttin mit ihrer Eule, und Baste, die katzenköpfige ägyptische Gottheit ... beschützten uns wohl ihre subtilen Gestalten, während die Nacht voller Weisheit und Frieden schien?

Wenn ich mit meiner Arbeit unzufrieden war und nicht länger dabei bleiben mochte, betrachtete ich von der Terrasse des ersten Stocks aus die unglaublichen Farben des Sonnenuntergangs. Getreu unserer üblichen Verabredung war auch Ti-Puss da; still saß sie auf der hohen Balustrade und äugte in die kleine Schlucht hinunter, die sich in den rötlichen Konglomeratfelsen, der unser Haus trug, eingefressen hatte. Erspähte sie eine Beute, so glitt sie an dem Gesims entlang, und erst in der zweiten Hälfte der Nacht kehrte sie zurück, um zu meinen Füßen zu schlafen. Mein Tscharpoy stand meistens draußen auf der Terrasse. Dort schwamm ich, nichts außer den Sternen gewahrend, wie einst in meinem Boot zwischen Erde und Himmel und lauschte den Winden und ihren Vorzeichen. Nachtwachen auf See, Zelte in Asien, wie weit bestimmten sie meine schwierige Suche nach der Wirklichkeit?

> *„Qui pleure là sinon le vent simple, à cette heure*
> *Seule avec diamants extrèmes? Mais qui pleure*
> *Si proche de moi-même au moment de pleurer?"*
> (Paul Valéry)

Ti-Puss kannte den Unterschied zwischen Freudentränen und Leidestränen; wenn sie mich mit einem leisen Laut des Mitleids beschnupperte, mußte ich immer lächeln. In Milinda Panha habe ich gelesen: „Fragt man, ob die Tränen, die beim Tode der Mutter vergossen werden, oder die Tränen, die um der Liebe zur Wahrheit willen vergossen werden, eine 'Heilung' für den sterblichen Menschen genannt werden können, so lautet die Antwort, daß die einen heiß sind, die anderen kühl, und daß das Kühlende heilt."

Am Wochenende war alles ganz anders. Jugend, Freunde, Lärm in der Küche, in der Bar, auf dem See ... Und für Ti-Puss eine Orgie mit Hühnerabfällen. Es wurde Französisch gesprochen, manchmal auch Englisch, wenn Dishie und Evvie von ihrem Konsulat kamen. Eines Tages erschienen sie, um ihr neues Zelt – eine Kopie des meinen – einzuweihen, indem sie am See kampierten.

Diese flattrige Behausung erregte Ti-Puss' Neugier; doch bald geriet sie in Bewegung und verließ uns. Freilich, wir konnten kaum schlafen wegen der Glühwürmchen, die die Tamarinden in lauter Christbäume verwandelten. Es sah so wundersam aus, daß es schade schien, schlafen zu gehen.

In einer anderen Nacht wurde ich durch Heulen und Wehklagen aufgeschreckt. Die alte Mutter des Gärtners war gestorben – ein atmendes Skelett, das nicht mehr hatte gehen können.

Um vier Uhr früh wurden Trommeln und Zimbeln geschlagen, begleitet von einer Trompete. Unser Dach wurde mein Beobachtungsposten: Das Klagegeschrei ward gewissenhaft erhoben – dazwischen schwatzten die Frauen miteinander. So wurden die Stunden eines außergewöhnlichen Tages ausgefüllt, während die Trauernden stumpf und regelmäßig die Arme schwangen und sich mit den Handflächen die Brust schlugen. Immer mehr Frauen kamen, setzten sich mit untergeschlagenen Beinen, hakten sich ein, lehnten die Köpfe aneinander und schaukelten wehklagend hin und her.

Später wurde der schmächtige Leichnam auf eine Bahre gesetzt, die auf Männerschultern ruhte; Musikanten übertönten jeden, und alle zogen zu dem kleinen Weiler auf der anderen Seite des Dammes.

Ti-Puss schenkte drei Söhnen das Leben, deren Vater ich in Trivandram kaum gesehen hatte. Ich behielt ein rotgelbes Tigerlein und ein Junges, das ein Abbild der Mutter war; dem dritten drehte ich so schnell wie möglich den Hals um, ehe ich Zeit zum Nachdenken fand. Ti-Puss hatte sich in der weichen Schutzdecke eines aufgebockten Faltboots ein Nest gemacht. Wieder einmal beobachtete ich die Mutter mit stets erneuerter Anteilnahme; das Mysterium des Lebens ist dasselbe, mögen die Geschöpfe klein oder groß sein. Was für einen schönen Ausdruck sie hatte, so voller Verwunderung! Er konnte bedeuten: „Ja, ich habe viel zu tun; aber jetzt bin ich nicht mehr die Hauptperson. Ich tue mein Bestes, und gerade dafür bin ich da. Keiner meiner Träume kommt dieser Fülle des Daseins gleich; wenn diese beiden Teile von mir mein Herz liebkosen, jedes so lebendig, jedes so vertrauensvoll, muß ich alles tun, was ich vermag. Nein, danke! Vielleicht habe ich morgen Zeit, zu essen."

Da lag mein Liebling, diese fellige Rundung, die sich eng um den Mittelpunkt des Glücks schmiegte, das sich in einem warmen Schnurren ausdrückte.

Welch bebendes, unbeholfenes Geschiebe ging in dem Korb vor sich! Dieser allgemeine Bewegungsdrang wirkte rührend bei den rosigen, milchgeschwollenen Würmchen, die einen glänzenden Eidechsenschwanz krümmten. Wie ganz entspannt eine junge Katze ist, bar allen Argwohns; wie geschmeidig sie schläft, mit hängendem Köpfchen, so daß der flaumige Hals zu sehen ist.

Die Kätzchen wuchsen, hatten aber immer noch die verschwommenen, feuchten Augen von Säuglingen und erwarteten, daß ein anderer für alles sorgte, was sie brauchten: Sie ließen sich sauber putzen, wobei sie die vier Pfoten locker gebeugt in die Luft streckten.

Welche Entfaltung von Leidenschaft in der abendlichen Spielstunde, als sie größer waren! Dahin alle Trägheit der zusammengerollten, verschlafenen Raupen! Erstaunte Sprünge, fröhliche Arabesken, herausfordernde Pfotenhiebe ... ein paar Seitenschritte mit angelegten Ohren, so daß die Lider in chinesischem Stil verringert wurden, gespielte Furcht, die den ganzen Körper spannte ... alles, um der Mutter mit einer Zurschaustellung großer Wildheit an den Hals zu springen! Die Hinterbeine bearbeiteten sich gegenseitig, während die Schwänze wie schnellende Schlangen rasch folgten, fegten und peitschten ... bis beide Kätzchen stillsaßen und einander nicht beachteten. Das eine, Ginger mit Namen, betrachtete einen Fleck an der Wand und wanderte dann wie gelangweilt herum ... bis es sich auf die Mutter warf. Kam das für Ti-Puss unerwartet, so sprang sie mit einem entsetzten Flohsprung senkrecht in die Luft, worauf Ginger ein trauriges und verwirrtes Gesicht machte: Eine Mutter, die wie ein Kängeruh flüchtet und mir einen solchen Schrecken einjagt, ist nicht lustig! Wie schnell sie wuchsen, diese entzückenden Kätzchen, diese weichen, lebendigen Blumen voller Dornen und Ranken!

Ihre Spiele dienten nur der Ertüchtigung fürs Leben. Der Sprung nach einem Falter, das Herumstoßen einer

Erdnuß, der Anschein, eine Schnur wäre lebendig, alle diese Übungen schärften die Genauigkeit des Auges und der Pfoten für die wirklichen Dinge – Heuschrecken, Fliegen, Eidechsen, Ratten.

Als sie zwei Monate alt waren, verschenkte ich das graue Kätzchen an Iwalanti, der in der Stadt in Aschram von Schri Aurobindo lebte; und Ginger kam zu einem jungen Bauern – er ließ das Kätzchen einen ganzen Nachmittag angebunden und miauend in der Garage.

Inzwischen hatte Ti-Puss wieder eine Woche des Paarungsfiebers durchgemacht, das ihre Intelligenz betäubte. Sie mußte ihre Monate weiser und abgeklärter Betrachtung teuer bezahlen. Sie war eine Masse hitzigen Fleisches, gespannt, zitternd, staubig. Die Schnauze schleppte am Boden, die Backe rieb sich an allem Rauhen. In ihre eigenen Gefühle verloren, nahm sie nichts wahr. Aber sie wälzte sich immer wieder, wobei sich die Pfoten über dem zarten Bauch mit seinen acht spitzen Knöpfchen in die Luft krümmten.

Wenn am Abend ihr wilder Gatte schüchtern rief, hatte sie es eilig, mich zu verlassen. Sie bildeten ein vollkommenes Paar, trabten Seite an Seite fort, ein blonder Panther und ein dunklerer Tiger. Meist aber erschienen sie bald auf dem Hinterhof, wo Ti-Puss ihre Künste spielen ließ. Der höfliche Ausdruck des Katers, der geduldig auf den Keulen saß, schien zu sagen: „Weiber sind sonderbar; aber man muß ihnen den Glauben lassen, daß sie das Richtige tun."

Ungezählte Male wälzte sie sich und warf sich herum, als ob sie entschlossen wäre, das Fell an ihren Schultern abzuschaben. Wenn sie aufhörte, näherte sich ihr der Dunkle kühn und umarmte sie, indes sie ein wenig grunzte. Ein besonderer Kode schien jede ihrer Bewegungen, jede ihrer Äußerungen zu beherrschen, und sie konnten es nicht ertragen, mehr als drei Meter voneinander getrennt zu sein.

Da ich einige Tage in Ponditscherri bleiben mußte, nahm ich Ti-Puss mit und machte sie mit den Bequemlichkeiten des Valotschen Hauses bekannt. Dort stand uns zum erstenmal in Südindien ein europäisches Badezimmer zur Verfügung. Die Katze staunte ebenso wie ich über das schimmernde Weiß, die vielen Wasserhähne, aus denen überall munter Wasser lief, das nach Bedarf auch dampfend heiß hervorsprudelte. Schließlich lernte sie ihr tägliches lauwarmes Fußbad schätzen: Es ersparte ihr so viel Putzerei. Teppiche auf gebohnerten Fußböden, große Deckenventilatoren in Räumen, die vom Schatten der Veranda beschützt wurden, liebliche Musik, die einem Kasten entströmte, bewässerte Blumenbeete mit steifen Kannas – es war eine neue Welt.

Binnen fünf Minuten übernahm Ti-Puss die Rolle einer Königin in ihrem Palast. Sie begab sich nie in die Nähe des Schwimmbeckens, überwand aber tapfer ihre Furcht vor den beiden Gurkha-Wächtern am Fabriktor, um mit mir zu einem verlassenen botanischen Garten zu gelangen. Er war übersät mit verrosteten und verbogenen Maschinenteilen; denn die Fabrik war niedergebrannt, und die Überreste hatte man auf beiden Seiten der Mittelallee weggeworfen.

Diese phantastische Umgebung verwandelte die Katze in einen grauen Teufel: Sie versteckte sich hinter Zahnrädern und in durchlöcherten Kesseln und spielte Angriff auf mich ... und meine Angst war nicht immer gespielt!

Da ich mich vor Schlangen fürchtete, setzte ich mich mitten auf einen Kiesweg. Manchmal kehrte sie zu mir zurück und erzählte mir flüsternd, was sie in dem dunklen Gebüsch schwach gesehen hatte. In diesem verlassenen Park ließ sie sich nie auf meinem Schoß nieder, während ich meditierte.

Eines Tages nahm ich sie zum Britischen Konsulat mit, um sie mit Dishies zwei Siamkatzen bekannt zu machen. Dishie hatte beschlossen, sich im nächsten Herbst meiner anzunehmen, damit ich ohne Haushaltssorgen schreiben könnte. Deshalb war es ratsam, die Katzen so bald wie möglich einander vorzustellen.

Die Augen der Siamesen, die wie blaue Türkise in dem kurzen braunen Fell des Gesichtchens schimmern, sind nicht besonders ausdrucksvoll; aber sie zeigen einen aristokratischen Gleichmut. Mit einem solchen Blick empfingen Dishies Katzen die nervöse Frau Wildling, die nicht wußte, ob dies einen erneuten Umzug oder bloß eine meiner Launen bedeutete. Wenn die Augen meiner Ti-Puss das Paradoxon einer hellen Sonne in grauen Wolken waren, so waren die der Siamesen blaue Himmelsflecken inmitten einer dunklen Nacht. Und jetzt musterten diese Gegensätze einander sorgfältig, bis Ti-Puss die Samtnase runzelte, fauchte und sich unter meinem Sitz verkroch.

Ich hielt nun den Augenblick für gekommen, ihr gute Umgangsformen beizubringen, und zeigte ihr die beiden Jungen der Siamkatze Smuts, die Montys Gattin war. Nachdem Ti-Puss an ihnen geschnüffelt hatte, als ob sie Gift wären, verlor sie den Kopf, fauchte sie an, fauchte mich an, die ganze Gesellschaft ... und verschwand für zwei Stunden nach dem Meer. Sie war von jeher schrecklich freimütig gewesen. Als ich einmal bei Iwalanti wohnte, um dem Meister Shri Aurobindo nahe zu sein und seine Lehre zu studieren, ließ Marcel Valot sich Zeit, ihre Milchschale auf den Boden zu setzen; da biß sie ihn in den Fuß, daß er blutete. Ungeduld oder allzu intensive Freude kann bei einer Katze solch sonderbare Handlungsweise verursachen.

Der Besuch bei Smuts und Monty war kein Erfolg. Aber eins der Jungen, ein Weibchen namens Winnie, war für die Katzenfreundin Beryl bestimmt, und die hübsche Winnie sollte in Ti-Puss' Schicksal eine wichtige Rolle spielen. Doch das konnte meine kleine Gefährtin sicher nicht vorausahnen!

SIEBZEHNTES KAPITEL

„Homewood"

Da die Hitze mit jedem Tag zunahm, wurde mir das feuchte Klima in Ponditscherri zur Qual. Ich verließ mein großartiges Zimmer über der braunen Lagune und zog wieder nach Tiruvannamalai in die Nähe des geliebten Maharischi, zu Füßen des heiligen Berges, der jetzt eine rote Felspyramide mit einigen grünen Büschen war. Die trockene Hitze ließ mich aufleben, auch der unruhige Wind, der Sandhosen über die ausgedörrten Zisternen peitschte. Aber nach einem Monat wurde auch das aufreibend, und ich gab es auf, gegen das Klima anzugehen. Ich lief fort mit meiner keuchenden Katze, die meistens mit offener Schnauze atmete, aus der die lange, dünne Zunge wie ein Gladiolenblütenblatt heraushing.

Wir nahmen einen Autobus nach Villipuram, und die Bauern, die wir unterwegs trafen, waren erstaunt. Ti-Puss war nämlich, an ihrer Leine zerrend, über die Windschutzscheibe geklettert, und wie ein Wappentier stand sie auf der Motorhaube, dem Winde preisgegeben, der ihre Ohren und Schnurrhaare zurückdrückte und ihr Fell zerwühlte.

Der Name des Chauffeurs lautete Theodore John, wie auf einer am Instrumentenbrett befestigten Karte zu lesen stand. Da er wußte, woher ich stammte, erzählte er mir bald, er sei Christ, gehöre den „Pentecotisten" an, der besten und höchsten Sekte, der einzigen, die zu Gott führte, wie er sagte. „Alle Swamis, die man trifft, können nicht den Anspruch erheben, soweit gekommen zu sein. Die Bibel erklärt alles ... sogar die Felsen, an denen wir vorbeifahren." Während er begeistert sprach, lächelte ich über mich selbst und über alle jene von uns, die sich Suchende nennen. Sind wir nicht wie Theodore John alle überzeugt, daß wir die richtige Wahl getroffen haben? Ich war überzeugt von Atmanandas einzigartiger Lehre, Iwalanti war ebenso überzeugt von Schri Aurobindo, der Chauffeur und seine Sektenbrüder waren überzeugt, daß alle diese Swamis Schwindler seien.

Glaubten die bescheidenen Bauern, an denen wir vorbeikamen, wohl immer noch an den Halbgott Ajannar, der nachts hoch zu Roß jagt? Ihm waren die buntbemalten Tonpferde gewidmet, die man in jedem Dorf bei der Kapelle sah. Manchmal waren es auch neun Tonreiter von verschiedener Größe, die darauf warteten, Ajannar zu begleiten. Es blieb uns Zeit, sie zu betrachten, da eine Panne uns zu einem Aufenthalt zwang (Wanzen schwärmten aus meinem Sitz hervor, als Theodore John das Polster entfernte, um sein Werkzeug hervorzuholen). Die neugierige Ti-Puss sprang auf den Arm eines bärtigen Tonheiligen in meditierender Haltung; die Knie seiner untergeschlagenen Beine ruhten nicht auf dem Boden wie in der Buddha-Stellung, sondern wurden von einem breiten Gürtel in die Höhe gehalten.

In Kodaikanal sah Elisabeth Caspari mich mitleidig an: Wie konnte ich hoffen, mitten in der Saison ein eigenes Haus zu finden? Ich ließ Ti-Puss bei ihr, so daß sie ihre Neugier über das lange Haar der Angorakatze Fluffy stillen konnte, und suchte stundenlang, von einem Garten zum anderen gehend.

Unweit des Sees war der Nordhang des französischen Kammes von einer „Shola" bedeckt, einem dichten, üppigen Wald; am unteren Rande waren ein verlassener Friedhof und ein paar in ihren Gärten versteckte Häuser. Dort fand ich eine umgebaute Garage, „Homewood" genannt, die ich haben konnte, bis die Besitzer, amerikanische Missionare, zurückkommen würden – der Zeitpunkt war noch unbestimmt. Ich freute mich so sehr, daß ich trotz meiner Erschöpfung noch am gleichen Abend einzog. Das war gut. Kaum waren wir unter dem Wellblechdach, da schenkte Ti-Puss vier Söhnen das Leben, den hübschesten Kätzchen, die ich jemals sah. Alle waren gleich: Grau getigert, dunkle, weißgefütterte Ohren, eine schöne Flammenzeichnung an den Schläfen, cremefarbener Bauch, weißgeringelter Schwanz, dunkle Abzeichen auf dem Rücken, zwei zusammenlaufende schwarze Schminklinien, die ihre noch geschlossenen Chinesenaugen verlängerten.

Jede ihrer Bewegungen drückte die größte Lebensfreude aus. Trotzdem beraubte ich zwei Kätzchen des Lebens, und ihr schlaffer Hals fiel wie der Stiel einer durstigen Blume herab.

Die Wonne des Kätzchens, das den warmen, an vielen Stellen einen himmlischen Saft spendenden Leib der Mutter bepfotet, ist so stark, daß sie lange Zeit sein Dasein beherrscht. Stundenlang träumen die Katzen mit geschlossenen Augen davon, wenn sie später auf einer Mauer Wache halten, beim Feuer liegen oder unter einem Strauch ruhen. Sie möchten diesen warmen, elastischen Leib wieder unter den Pfoten haben. Sie bilden sich ein, ihm nahe zu sein, wenn sie gierig, mit geschlossenen Augen eine Bettdecke oder ein Schaffell kneten.

Ti-Puss' rauhe Zunge brachte ein hohles Geräusch an Sunny Boys hingestrecktem Bäuchlein hervor; sie leckte ihn so sehr, daß sie den seidigen Flaum sicher abschabte! Suzy, die Tamilenköchin meiner amerikanischen Wirtin, wartete ungeduldig auf die Zeit, wo sie Sunny Boy adoptieren könnte, während Herrn Wills' Tochter Cokinu mit Beschlag belegt hatte, den sie oft besuchte. Genau wie ich saß sie vor dem Katzenlager und schaute schweigend zu, wie das kleine Geschöpf die Welt entdeckte. Ich war froh, die Zukunft meiner Enkelkinder gesichert zu sehen; aber es war ein immer wiederkehrendes Problem, für das es vielleicht noch eine andere Lösung gab. Ich brachte Ti-Puss zu dem Schweizer Arzt, der neben Valots auf der hohen Klippe wohnte, von wo man ganz Südindien überblickte. Konnte die Katze unfruchtbar gemacht werden? Nein! Die kleinen Instrumente, die dazu nötig gewesen wären, gab es in Kodai leider nicht.

Von der sonnigen Felsenwand, an der da und dort Nebelfetzen hingen, stiegen wir durch das Unterholz des Dschungels zu unserer grünen Garage hinab. Wie eine Brieftaube fand Ti-Puss den kürzesten Weg, während ich einem pfadähnlichen Gebilde folgte und mich fragte, ob wir uns bald wiedertreffen würden, und ob unser lustiges Versteckspiel stattfinden konnte, wenn es unmöglich war, mehr als drei Meter weit zu sehen. Sooft ich stehenblieb und lange genug wartete, bis sie irgendeine erstaunliche Witterung ergründet hatte, kam sie zu mir.

Hier erblickte ich den größten Eukalyptusbaum, den ich jemals gesehen habe; rund wie ein Turm war der Stamm und erhob sich kerzengerade über die Menge der anderen Bäume. Er schien ein Gegenstand der Anbetung zu sein; denn stets lagen vor ihm ein paar frische Blumen, die Überreste einer Kokosnuß mit Weihrauchstäbchen und Spuren eines Feuers.

Ich mußte Ti-Puss anbinden.

Der Wald, der hinter „Homewood“ begann, war voller Freuden und Rätsel, die Ti-Puss immerzu erforschte. Aber sie konnte mir nie verraten, wer der Kapellmeister der Zikaden war. Es mußten Tausende und Millionen sein, nach dem ohrenbetäubenden Lärm zu urteilen, den sie vollführten. Wie konnten diese Millionen von gespenstischen, aufreizenden Zirpern jählings aufhören, als ob sie nur ein Wesen wären, oder allesamt in einer zwei Kilometer breiten Schola zusammen anfangen, jeden Tag zu verschiedenen Stunden, ganz unabhängig von Sonne, Wolken oder Regen? Oft lauschte ich ihnen verwundert.

Allmählich begriff ich, warum in der indischen Kunst die Formen immer überschwenglich und kraftvoll sind. Indien und die indische Natur sind nicht sanft. Der Wald, weit davon entfernt, ein Gewölbe des Friedens zu sein, dröhnt von Geräuschen und wird von starken Winden, peitschenden Regengüssen und berauschten Zikaden gemartert. Die Sonne ist nie eine wärmende Liebkosung, sondern etwas Schweres, Durchdringendes, Erbarmungsloses. Man kann in Indien der Natur nicht entrinnen: Sie ist jederzeit da.

Die beredsame Ti-Puss wachte aufgeregt über ihren Kindern und erinnerte mich mit ihrem Getue an eine gackernde Henne. Sie sorgte sich allzu sehr, wie mir schien. Ja, die eine Zitze war sehr hart und geschwollen. Der Tierarzt verordnete Umschläge; nun war ich an der Reihe, mir Sorgen zu machen, und in den Unglückstagen, die folgten, erlebte ich etwas von den Ängsten, die nur Mütter kennen.

Ti-Puss war an dem Verschwinden eines Pfundes Speck beteiligt, der in Scheiben geschnitten auf dem Tisch der Köchin Suzy gelegen hatte. Mir fiel zuerst etwas auf, als meine Katze auf wackligen Beinen zu mir kam, mit eingezogenem Bauch und eingefallenem Gesicht unter dem matten Fell. Die Spielzeugschnur, die an der Türklinke hing, hatte keinen Reiz mehr für sie. Sie ließ sich zu Boden fallen, als wollte sie sagen:

„Ich gebe den Lebenskampf auf!"

In ihrem Leib war etwas wie ein Stein zu fühlen, wahrscheinlich die ganze Speckrinde. Diesmal ließ sie sich Öl einflößen. Sie versuchte zu schnurren, als ich sie aufmunterte:

„Braves kleines Ding! Du wirst bald gesund. Hab nur Geduld!"

Am nächsten Morgen hatte sie Schaum vor der Schnauze, schleppte sich durchs Zimmer mit keuchenden Flanken wie ein Blasebalg und lief mit offenen Augen blindlings immerzu gegen die Wand oder stieß sich an den Bettpfosten. Es sah aus, als würde sie vom Irrsinn beschlichen, als wäre der wunderbare Mechanismus des Hirns plötzlich gestört.

Ich rannte mit ihr zur Fähre und durch die Dorfstraße, wie ich noch nie gerannt war, und dann mußte ich mich beim Tierarzt in Geduld fassen und warten, bis ich an die Reihe kam. Das arme Tier konnte noch immer nicht sehen, wohin es trat, als er es mit einem Pulver und einem Klistier behandelte.

Wieder zu Hause, durfte ich nicht von Ti-Puss' Seite weichen; sobald sie meine Hand fühlte, schnurrte sie; tiefe Dankbarkeit erfüllte ihren Körper, obwohl sie immer noch Schaum vor der Schnauze hatte. In einem Winkel meines Herzens freute ich mich sogar, daß sie krank war: Sie war jetzt ganz mein, bar aller eigenen Gedanken. Ausnahmsweise einmal arbeitete meine Feder ungehindert; meine Hose blieb von den kletternden Krallen verschont. Ihr Wille ergab sich dem meinen. Wenn man bei einem hilflosen kleinen Lebewesen weilt, das gegen alles gleichgültig ist, wenn es uns braucht, wenn man jeden Augenblick befürchtet, den schlaffen Kopf für immer niedersinken zu sehen, wird man stark mit ihm verbunden; dann erwächst im Herzen eine neue Liebe, die im Verhältnis zur ausgestandenen Angst steht. So erkannte ich, daß Kinder gewisse Krankheiten durchmachen müssen, damit die Mutter sie noch mehr liebt.

Wie ein Leitmotiv, eingewoben in die Arabesken meiner Beziehung zu der Katze, tauchte – vor allem wenn wir einander schweigend anschauten – die alte Frage wieder auf: „Wie sehr verstehen wir uns, lieben wir uns?"

Sie war mir teuer, als die Leibschmerzen sie quälten. Die Lehre sagt:"Um des Selbstes willen sind uns alle Dinge teuer", obwohl wir gewöhnlich meinen, es sei nur um des geliebten Gegenstandes willen.

Die Katze, die so lebendig in mir war, daß sie ein Teil von mir bildete, öffnete mir das Herz, wo Liebe schlummerte. „Liebe ist das wahre Ich." Wir lieben also um der Liebe willen. Wenn das Liebesgefühl für kurze Zeit übermächtig in mir wird, gibt es weder die Katze noch meine begrenzte Individualität: Ich bin verloren in Liebe – in unpersönliche Liebe, die ein Zustand ist, wo Zeit keine Macht hat.

An diesem Tage dachte ich an Ti-Puss' Krankenlager über die Liebe nach. Ja, wirkliche Liebe, reine Liebe, die als unaufhörlich sprudelnder Quell erlebt wird, muß aus dem Unbegrenzten kommen, und sie kann nichts begehren, weil sie alles umfaßt. Diese Liebe ist sich selbst Belohnung, sich selbst Erfüllung, was der geliebte Gegenstand auch tun mag. Sagte ich das schon? Ja, aber Wiederholungen werden mir dazu verhelfen, einen verschlungenen Widerspruch zu entknoten. Obwohl es scheint, daß das geliebte Wesen nur wegen seiner besonderen Augen oder wegen seines Geistes geliebt werden kann, ist es mir in Wirklichkeit deshalb teuer, weil ich durch es einen Blick auf die wahre Liebe erhasche, auf die ewige und unbegrenzte Liebe, die mehr ist als Leben, da ich bereit bin, für meine Liebe mein Leben herzugeben! Die Selbstverleugnung der Liebe bedeutet immer ein Hinausgehen über das eigene Ich.

Weil ich mich als ein begrenztes Lebewesen empfinde, kann ich nur durch sterbliche Eigenschaften des geliebten Wesens einen Blick auf die unsterbliche Liebe erhaschen – und weil es zufällig Eigenschaften verkörpert, die ich längst liebenswert gefunden habe! Wenn das geliebte Wesen stirbt, stirbt mit ihm, stelle ich mir vor, mein „Tor" zum wirklichen Leben, und ich wälze mich im Schmerz! Aber diese unpersönliche Wirklichkeit hört nie auf zu sein. Die Ekstase meiner „Herzstärkung" ist niemals von außen gekommen, sondern aus der unveränderlichen Faser meines inneren Kernes. Ja, aber wann wird meine wechselvolle Natur aufhören, das spannende Spiel von Freude und Leid zu ersehnen, und erkennen, daß der beste Teil von mir unveränderlich ist? Solange ich immerzu nach Freuden verlange und nicht lerne, konkretere Gegenstände aufs Wesentliche zu verkleinern, werde ich in einer Welt der Widersprüche und Begrenzungen teilweise blind bleiben. Aber . . . ich habe die Wahl.

Wenn ich eine Katze liebe, ist es im Grunde mein eigenes Liebesbedürfnis, das diese Katze erhebt und liebt – da ich mich dazu gebracht habe, auf bestimmte Züge zu reagieren! So kann ich mich der Liebe nur durch ein einziges Liebesobjekt nähern; und das geht, weil Liebe letztlich die Katze geschaffen hat. Jede Seele ist eine Liebe, die sich verkörpert, um in einem relativen Plan eine Rolle zu spielen und neue Möglichkeiten zu verwirklichen.

Das Ziel ist, meine Sicht zu ändern und sie unbedingt und unvoreingenommen zu machen, indem ich erkenne, daß „Bewußtheit und Liebe" in der Wesenheit eines jeden Objekts entdeckt werden kann – wodurch meine eigene Wesenheit zu erwachen vermag. Ich kann mir nicht vorstellen, daß Atmananda mich oder Lewis wegen eines veränderlichen Zuges liebt; unsere Wesenheit ist es, die er vor allem sieht und liebt.

Von dieser höchsten Stufe war ich jedoch weit entfernt. Ich war ganz in Anspruch genommen von einer grauen Tigerkatze als solcher und entdeckte in ihrem Charakter immer noch neue Züge. Ich brachte Cokinu in sein neues Heim, das nur einen halben Kilometer entfernt war, und Ti-Puss folgte uns. Beide Tiere waren dort während des Mittagessens glücklich, und später lockte ich die Mutter mit einem Stückchen Fleisch fort. In einer kleinen Villa spielte jemand meisterlich Klavier; wir blieben stehen, um zu lauschen, und das raspelnde Geräusch der Zikaden ertrank ganz in den prachtvollen Tönen Brahmsscher Musik.

Daheim freuten sich Ti-Puss und Sunny Boy aneinander. Aber nicht lange. Abends blieb die Mutter so spät fort, daß ich beschloß, sie zu suchen, da ich spürte, daß sie mich brauchte. In der Dunkelheit rief ich sie, jedoch vergeblich ... bis mir der Zusammenhang aufging und ich mich wieder zu Frau Wills begab. Dort war sie denn auch; sehr aufgeregt lief sie auf der Straße hin und hier. Sie konnte sich nicht entschließen, mit welchem Kätzchen sie zusammenleben wollte, und dieses Problem hätte sie niemals lösen können. Sie flehte mich wiederholt an: Ich muß ihr als eine Göttin erschienen sein, die über Wunderkräfte verfügt.

Und ich hatte törichterweise gedacht, freilebende Tiere seien dem Paradies näher als wir, weil sie eins seien mit dem Herzen der Natur, stets ihren Gesetzen gehorchen und darum keine Probleme haben! Welch ein Irrtum! Wie nahe sind uns manche Tiere! Ich läutete und erklärte, daß ich es ungern sähe, wenn die untröstliche Ti-Puss in der Nacht auf der Straße wäre, wo sich ein Rudel Schakale herumtrieb. Cokinu wurde geweckt – nur für ein paar Tage forderte ich ihn zurück –, und zur allseitigen Zufriedenheit gingen wir zusammen nach „Homewood".

O, der vollkommene Augenblick, als sie mit gekrümmtem Rücken auf der Seite lag und meine Hand dem langen, schlanken Leib folgte, dem gesunden Brustkorb, der vom Summen der Glückseligkeit vibrierte, der geschmeidigen Flankenhöhlung, den dünnen gedrechselten Lenden, dem langen, spitz zulaufenden Schwanz!

In dieser Nacht träumte sie ... und das lange Rückenhaar sträubte sich wie die Flosse eines Drachenkopfes im Mittelmeer. War es die Erinnerung an ihre unmögliche Wahl? Eine Woche später sprang sie auf Frau Wills' Bett und beschnupperte die Stelle, wo Cokinu geschlafen hatte. Wieso trieb ihre Erinnerung sie dorthin zurück?

Und dann kam wieder das Paarungsfieber über sie, nahm ihr den Appetit, quälte sie Tag und Nacht. Während ich ihr den Rücken streichelte und sie mit meinem Mitgefühl zu beschwichtigen versuchte, ertappte ich mich dabei, daß ich mir auch einen solchen runden Buckel wünschte, warm und sehr seidig. Da fiel mir die Geschichte von dem Maler am Hofe des chinesischen Kaisers Tschien Lung ein. Sein ganzes Leben lang hatte er Pferde beobachtet und geliebt. Wenn er sie zeichnete, fing er mit ein paar Pinselstrichen den wesentlichen Charakter seines Modells ein. Die berühmtesten Pferde seiner Zeit wurden ihm zum Malen gebracht, und man nannte ihn ein Genie. Aber eines Tages sah ihm ein großer Weiser, der an den Hof berufen war, den Kaiser zu unterrichten, bei der Arbeit zu. Die Geschicklichkeit des Künstlers vollbrachte Wunder, und der Weise war des Lobes voll. Doch er sagte auch: „Wenn dieser geniale Mann noch ein Roß zeichnet, will ich kein Mensch mehr sein, sondern ein Pferd." Nie mehr rührte der Künstler seine Pinsel an.

ACHTZEHNTES KAPITEL

„Sekbawn"

Hoch oben, unweit des Observatoriums, stand das Haus, das Dishie für den Winter gemietet hatte, nur hundert Meter von Illum entfernt, wo ich im vorigen Jahr in gesegneter Stille gewohnt hatte. Aber in Skebawn, wohin ich nach zwei Monaten in der sengenden Hitze von Travankor zog, sollten Ti-Puss und ich ganz anders leben, umgeben von zwei Dienern, zwei Siamkatzen, einem Kind namens Susan, einem Hund, der ebenfalls Susan hieß (die beiden wurden zwecks Unterscheidung „Sue-Kind" und „Sue-Hund" genannt), und der großgewachsenen Dishie. Mein Bett – diesmal mit Leintüchern und Decken – hatte eine blauseidene Steppdecke, die meine hellgraue Ti-Puss sofort mit Beschlag belegte.

Am ersten Abend ärgerte sie sich, als sie feststellte, daß das Wohnzimmer mit seinem Kamin, diesem großen Träumebescherer, dem Siamesenpaar Monty und Smuts gehörte. Zu einer leeren Wand gewendet, schmollte sie, wie um zu sagen: „Ach, ist mein Leben nicht schrecklich?"

Monty, der wie ein dicker Pascha war, vergaß seine Faulheit und begann ihr sofort den Hof zu machen, und hernach wünschte er immer zu wissen, wo sie sich befand. Sie übersah ihn. Unter Dishies Regime war sie von einem neuen Erlebnis in Anspruch genommen – sie lebte für das Vergnügen des Essens! Binnen zehn Tagen waren die bezaubernden Höhlungen ihrer Hüften fort. Sie lag mit gebeugten Pfoten in einem Sessel und betrachtete die tanzenden Flammen; aus meiner wilden Jägerin war eine rundliche Spießbürgerin geworden, die selbstgefällig einen Platz im ersten Rang ausfüllte. Ihre helle, üppige Brust konnte sehr gut als ein gepudertes Dekolleté gelten.

Ich vermißte mein schmalgesichtiges Straßenkind, das so mager gewesen war, daß man hinter den aufmerksamen Ohren dünne Hautfalten gesehen hatte. Aus einer Aristokratin, die ihre Mahlzeiten vornehm begutachtete, war ein Vielfraß geworden. Meistens schlich sie hinter dem Diener Tambi her, der den vier Tieren täglich Fleisch vorsetzte; sie bettelte ihn sogar an, völlig vergessend, daß sie jemals der stolze Wildling Minou gewesen war.

Gerade als ich dachte: „Sie hat nur Liebe für den Nahrungsspender", flog sie im Bogen wie eine gefiederte Welle über das Fensterbrett und setzte sich auf mein Manuskript. Sie beäugte mich, und ihr allwissender Blick besagte vielleicht: „Du weißt doch, daß ich dich liebe!" Oder er bedeutete: „Mir bleiben noch ein paar Minuten vor der Essenszeit!"

Entrückt war sie mit ihren großen, weiten Augen und der kleinen, wohlgeformten Schnauze ... welch ein Schrecken, wenn sie gähnte und die zarten Lippen sich immer mehr öffneten, fast bis zu den Ohren, so daß der Kopf gespalten wurde, als ob er einer Schlange gehörte!

Wie bereichernd ist es, eine Katze zu bewundern! Diese graue Pussy wirkte so ungebrochen, so echt, so ganz sie selbst, ein von Geist belebter Körper. „Was geht in ihrem Herzen vor", fragte ich mich, „wenn sie den Kopf hebt, mich anschaut und mir lange Zeit einen teilnehmenden Blick schenkt? Beobachtet sie ein zuckendes Lid? Oder spürt sie meine Verehrung des

'Lichtes der Bewußtheit' durch die Formen ihres intensiven Seins? Was läßt mich sie in allem Ernst fragen: ‚Wer bist du eigentlich?' Gewiss, manchmal, allerdings sehr selten, beantwortet sie mein ‚Komm! Komm zu mir! Ich brauche ein Zeichen', indem sie mich sacht unters Kinn stößt. Aber ...?"

Abgesehen von meiner Arbeit, die mich anstrengte, war unser Leben herrlich. Wie Ti-Puss genoß ich es, Gast zu sein: Nicht nur erschien das Essen im richtigen Augenblick, sondern auch das Lächeln der Freundin war immer da, mich zu ermuntern.

Bei sonnigem Wetter packte ich Brot und Butter, Salat und Kaffee in den Rucksack und lief zu unserem Bach über dem Wasserfall. Dort landete man, wenn man einen Anlauf nahm und den Absprung gut berechnete, auf einer vier Meter breiten Insel, die ein prächtiges Eßzimmer vorstellte, das von dem aus dem Wasser kommenden Spaniel Sue bespritzt wurde. Die Siamkatzen blieben zu Hause; aber Ti-Puss kam oft mit uns und vergnügte sich mit der Jagd auf Wasserinsekten. In einer solchen Umgebung war ihre Schönheit märchenhaft. Meistens bewegte sie sich je nach der Beleuchtung in einem Silberschimmer; ein zarter Heiligenschein erschien, wo die weißen Spitzen ihrer seidigen Haare die Sonnenstrahlen auffingen – gespitzte Ohren, mutwilliges Gesicht, vier dünne Beine in Samthandschuhen, lebendige Flanken, langer Pelz, der die Schenkel abzeichnete ...

Ich riß mich von der bezaubernden Insel los, um auf einem Umweg zu meiner Arbeit zurückzukehren, und rief die Katze, die gewöhnlich eifrig herbeikam, um zu sehen, was für einen neuen Pfad ich für sie finden könnte.

Zu meiner Augenweide zwang ich sie immer, mir über die breite Furt zu folgen; dort war das Wasser nur zwei Zentimeter hoch, wenn man den richtigen Weg nahm. Sie wußte, daß es ein Spiel war, daß es weiter oben eine Brücke gab; und ich wußte, daß sie an dem Spiel Freude hatte, daß ihr ängstlicher Blick, ihr Schnüffeln am Wasser, ihr Ausweichen und Zaudern dazu gehörten. Doch sobald ein Fuß im Wasser war, schritt sie ganz sachte weiter und betrachtete den Grund durch die schnelle Silberströmung, während die Sonne auf ihrem gefleckten Fell, auf fröhlichen Wirbeln und schlüpfrigen Steintritten tanzte. Ein Fisch, der aus dem dunklen Weiher zu dem Bach hinauf sprang, hieß sie jählings mit erhobener tropfender Pfote innehalten.

Wenn meine Füße in dem Gras am anderen Ufer getrocknet waren, hatte sie mich überholt und galoppierte, toll vor Freude, wie ein siegreicher Mongole mit hängendem Schnurrbart den Weg auf und ab.

„Erhaben war er, erstaunlich an Erfindung,
Der die Wunder der Erde und des Himmels schuf,
Unfaßbar die Macht, die den kleinen Dingen
Geheime Schönheit gab und sie alle bewegt."
Wang Yen-Show

(A.D. 130 in Arthur Waleys *Chinesischen Gedichten*)

Geheime Schönheit! Ja! Über Haare und Sehnen hinaus, über die Welt hinaus, wo die Dinge berührt, genießen und gewogen werden können ... Schönheit, die einen Widerhall in mir wachrief, gerade als sie zum Denken vermindert war, das den richtigen Ausdruck suchte.

Diese durchdringende Schönheit war nicht der Katze als solcher eigen. Sonst wäre ja jeder, auch der Diener Tambi, davon durchdrungen worden. Schönheit ist eine Vorstellung, die durch die Katze ausgedrückt wurde; und nicht jeder vermag Vorstellungen zu fassen. Schönheit gehört einer erhabenen Welt an, die über der unsrigen steht, einer Welt bleibender Vorstellungen, von denen einige die schöpferischen Formeln für Stein, Baum, Tier, Mensch und Licht sind; letztlich wohnen diese Vorstellungen uns inne, sonst könnten wir sie nicht fassen.

Aber dieser Gegensatz zwischen Stoff und Vorstellung ist nur vorübergehend. Stoff hat keine Daseinsberechtigung, bis er ergriffen und gedanklich verarbeitet ist, wodurch er in die Welt zurückversetzt wird, der er eigentlich entstammt.

Dort finden wir uns jenseits unserer Begrenzung. Das Wesen der Schönheit verbindet sich mit einer Wahrnehmung in mir, die von der gleichen Art ist und mit ihr verschmelzen kann.

A. Coomaraswami schreibt in *Samvega:* „Vakkali hängt endlich nicht mehr am Sichtbaren und an seinem mehr oder weniger götzendienerischen Erleben; die Hilfe, welche die ästhetische Betrachtung gewährt, ist kein Ende an sich, sondern nur ein Hinweis und wird bei Mißbrauch eine Falle."

Eine Falle, ja ... es war leicht, diese Möglichkeit zu sehen. Sooft die Katze allzu lange ausblieb und die Angst mich würgte, ein Schakal oder ein Leopard könnte daran schuld sein, verfing ich mich in einer gefühlsmäßigen Zuneigung zu dem Tier als solchem und vergaß, daß die wesenhafte Wirklichkeit meines Lieblings nicht aus Haaren oder Sehnen bestand. Wozu dieses Schwelgen in der Begrenzung eines individuellen Gesichtspunktes, wenn ich doch immer wieder den Beweis gehabt hatte, daß sich mein wahres Leben im Unpersönlichen sammelte?

Zwei winzige Schädel konnte man in Ti-Puss' Bauch fühlen, obwohl ich gehofft hatte, daß sie sich mit keinem der häßlichen Kater von Trivandram eingelassen hätte. Sollten die Jungen sofort getötet werden, fragte ich mich, ehe sie zuviel Milch hatte, damit sie nicht durch die kranke Zitze litt? Dann wurde sie ihrer glückseligen Mutterschaft beraubt, während der ihr „Freudendynamo" unaufhörlich lief!

Dishie hatte sich aus Kapok einen Schlafsack gefertigt und ihn auf mein Bett gelegt. Als sie hereinlief, um ihn rasch zu ergreifen, fiel Ti-Puss mit einem Schmerzensschrei heraus, den sie sich sonst für lange Eisenbahnreisen vorbehielt, wenn sie dem Ruf der Natur nicht folgen konnte. Ich wußte, was es diesmal bedeutete. Ich stürzte gerade rechtzeitig hin und bereitete ihr Wochenbett, wo sie ein neues Geschöpf zur Welt brachte. Das gelbliche Tierchen schien tot zu sein. Ti-Puss betrachtete es verständnislos und biß dann – von irgendeiner Erinnerung getrieben – wild in die kleine Kehle, leckte die Brust und erweckte so das häßlichste violette Würmchen, das man sich vorstellen kann, zum Leben. Ein zweites von gleicher Farbe kam nach, das Tambi bereitwillig tötete und das Ti-Puss überhaupt nicht vermißte.

Wegen seiner Chinesenaugen wurde das häßliche Kätzchen Ming genannt. Mit seinem roten Bauch und den dunklen Augen in einem faltigen Gesicht sah es wie ein überkluges Äffchen aus.

Als Smuts nebenan Mings Piepsen hörte, wollte sie hereinkommen, um nachzusehen, ob es vielleicht mit ihren eigenen Jungen zu tun hätte. Aber ihre Neugier kam nicht von Herzen; am vorigen Abend war ihr letztes Junges fortgegeben worden, und die Freudensprünge und Tänze, die sie ganz für sich allein aufführte, hatten uns gesagt, wie erleichtert sie sich fühlte. Vorher hatte sie Monty sogar beigebracht, ihr das Nest warm zu halten.

Dieser Monty war merkwürdig; er schlief meistens, wobei er die Nase unter den rauhen Schwanz steckte, während seine ergebene Gattin ihn von oben bis unten leckte. Mürrisch erkannte er ihre Freundlichkeit an, indem er sie ein einziges Mal leckte!

Er hatte, wahrscheinlich von einem Biß her, eine verletzte Pfote, die seine Faulheit noch verstärkte. Um seine Genesung zu beschleunigen, gab Dishie ihm eine Medizin, stellte jedoch zu spät fest, daß die Dosis für eine große Dogge bestimmt war. Vielleicht hing damit das neue Benehmen zusammen, das er sich von diesem Augenblick an zulegte: Er grölte Liebeslieder rings ums Haus und machte bei Ti-Puss Annäherungsversuche. Er erreichte damit nur, daß sie mit verstörter Miene die Ohren spitzte und zu Mings Korb zurückeilte.

Ich führte ein langes Gespräch mit Dishie, die mich überzeugen wollte, daß Ti-Puss schon wieder läufig wäre. So wurde ich dazu getrieben, die leidenschaftliche Musik vorzumachen, mit der meine Katze die Welt vom Elend ihres Zölibats in Kenntnis zu setzen pflegte: „Ko-a-u!"

Doch zur Vorsicht gab ich ihr die Bromkristalle (für Elefanten in der Brunst bestimmt), die der Tierarzt von Trivandram mir zu Ti-Puss' Beruhigung empfohlen hatte, und als sofortigen Erfolg sahen wir meinen kleinen Taugenichts mit einem rabenschwarzen Freund heimkehren, den Smuts und Monty grob wegjagten!

Dadurch geriet Monty in Bewegung. Er hetzte Ti-Puss zur Lichtung, von wo wir dann mehrere mörderische Schreie hörten. Als wir hinliefen, fanden wir die beiden in einzigartiger Kampfstellung – der untersetzte Monty, der wie auf Stelzen tanzte, versuchte ein graues Schreckgespenst zu hypnotisieren, das einen Schlangenkopf zu Boden drückte und aus schmalen Augen giftige Blitze schleuderte.

Als seine Kniffe wirkungslos blieben, drehte Monty sich um und begann sich fröhlich zu wälzen; vielleicht wollte er dartun, daß er meine fellige Schlange nicht fürchtete. Sehr besorgt war Smuts, die spielerische kleine Gattin, ihrem Herrn und Meister zu Hilfe geeilt. Als sie sein prahlerisches Benehmen sah, flüchtete sie zum Haus zurück!

Ti-Puss ließ sich durch Montys Pose nicht täuschen und behielt ihre Verteidigungsstellung bei, geladen mit einem möglichen Gewitter. Um eine Aufnahme zu machen, brachte Dishie ihren Siamkater meiner explosiven Puss zu nahe. Der Lärm, der sich daraus ergab, war so unangenehm, daß Sue-Hund unter heftigem Gebell dazukam – als ob das die Ordnung wiederherstellen könnte!

Und dann geschah es: Jählings stürzten sich die beiden Katzen aufeinander und umklammerten sich gegenseitig. Ihre tobsüchtigen Kampfgriffe erschreckten uns. Wir mischten uns ein – mit den Füßen. Ti-Puss sauste bergab, während der betäubte Monty heimgetragen wurde.

Die tägliche Bromdosis erwies sich als nutzlos; eine Woche später war Ti-Puss wieder durch die Läufigkeit

Ti-Puss und Ming am Fenster.

verwandelt. Einmal fand ich sie im geschlossenen Badezimmer oben an dem kleinen Vorhang hängen, der das bunte Glas der Türe verhüllte. Unaufhörlich wehklagte sie, und sie konnte den Anblick ihres Kindes Ming nicht mehr ertragen. Als ich am nächsten Morgen meine Tür zum Wohnzimmer öffnete, folgte Ti-Puss mir, gesellte sich ganz natürlich zu Monty und ergab sich ihm ohne Flausen.

Nachts schlief sie bei mir; aber wenn er sie am Tage rief, gehorchte sie ihm brav. Sie gingen zusammen spazieren; der stämmige Monty schritt dann unternehmungslustig voraus und drehte sich öfters um, um zu sehen, ob seine helle, goldäugige Schönheit ihm auch über den Gartenweg folgte.

Inzwischen betrachtete der verlassene Ming, ein gelber Farbfleck neben einem Strauß weißer Lilien, die Welt vom Fensterbrett aus und stellte Betrachtungen darüber an, was er seiner Mutter angetan haben mochte, daß sie den Überschwang seines liebevollen Herzens nicht mehr schätzte. Zuweilen belustigte ich mich, wenn das Benehmen der Katzen mich an uns Menschen erinnerte. Ich beobachtete sie lange, während wir bei den Fichten Tee tranken. Ti-Puss, die auf dem Verandafenster hockte, ließ ihren Chinesenblick träumerisch auf den fernen Bergen ruhen, wie verloren in tiefe Gedanken. Derweil starrte Monty, der sich im Garten in unserer Nähe aufhielt, sie unverwandt aus halbgeschlossenen Augen an, die ebenso große Ergebenheit wie Geduld ausdrückten. Doch wenn man ihn lange genug betrachtete, konnte man sehen, daß es in seinen hellen Augen ab und zu stahlblau aufblitzte: „Du hast mich jetzt, verführerische fellige Königin ...

Aber warte nur, ich lasse es dich büßen, wenn ich dich das nächste Mal in meine Klauen bekomme!"

Wir nannten Ti-Puss jetzt „Frau Monty".

Sie wurde wieder normal, zwei Tage nachdem sie einen Topf frischer Butter ausgeschleckt hatte, wodurch sie für sechsunddreißig Stunden vollkommen lahmgelegt wurde. „Leberkrank", sagte Dishie, „sie muß schwarze Flecken vor sich sehen ..."

Eine Art indischer Winter näherte sich, und jeden Tag wurde das Feuer früher angezündet. Graue Schakale wie Füchse mit kurzem Schwanz trabten in der Abenddämmerung am Hause vorbei. Ti-Puss ließ sich dadurch nicht stören; sie blieb trotz meiner Rufe im Nebel sitzen. Wenn sie aus der feuchten Nacht hereinkam, verdunkelte ein Regentropfen ihre Nase, die Augen blickten wild und tief vom Erforschen der Dunkelheit, das Fell, das von Feuchtigkeit glitzerte, war verfilzt und zerzaust.

Nachsichtig ließ sie Ming zuerst an den Futternapf oder erlaubte ihm, die Reisschale mit ungeschickter Pfote unter ihrem Kinn fortzuziehen.

Ich hatte Freude an meiner Katze; denn sie half mir meine Füße warmhalten. Ich stellte sie immer in ihren Korb, und Ti-Puss legte sich darauf, während ich mein Geschreibsel abtippte, das von einer traurigen Reise meines Lebens handelte.

Wenn ich trotz meines dicken afghanischen Schafpelzes zu sehr fror, lief ich zu der großen Terrasse bei der Lichtung, wo die letzten gelben Margeriten der blassen Sonne zulächelten, die hinter dem schwarzen Wald unterging.

Tannenzapfen und Eukalyptuskapseln knisterten im Kamin und boten uns bei unserer Rückkehr einen freundlichen Willkommensgruß. Es kamen keine Besucher mehr bis zum Observatorium, und unser Leben verlief ruhig. Ins Dorf gingen wir nur, wenn Aubrey oder Elisabeth ein Konzert gaben. Kehrten wir dann spät nachts heim, so war es meine letzte Freude, die wollige Ti-Puss vor meinem Fenster warten zu sehen; sie wartete, um zu schnurren und dicht an mich geschmiegt in meinem Bett zu schlafen.

Wieder einmal war ihr Leib wie ein Fäßchen. Diesmal waren wir gespannt, das Ergebnis ihrer Vereinigung mit Monty zu sehen. Ming hatte sich inzwischen selbständig gemacht und lebte im Postamt.

Mitte Dezember warf Ti-Puss vier kleine Panther mit langen, wurmartigen Körpern. Entweder war es eine Frühgeburt, oder diese Jungen sollten außergewöhnliche Kätzchen werden. Ich behielt eins davon, und als ich die anderen tötete, stellte ich fest, daß ich es mit weniger Widerwillen tat als früher. Ihr Eidechsenschwanz war so lang wie ihr Körper, und die Beine waren so lang und dünn, daß man an die Proportionen eines Windhundes erinnert wurde. Die skelettartigen Pfoten wiesen Knochenfinger auf, und die Köpfe verlängerten sich wie graue Patronen. Alle Kätzchen waren Weibchen. Sue-Hund lauschte hinter der Türe aufgeregt auf das Piepsen des letzten Würmchens.

Einige Tage später saßen die drei Katzen freundschaftlich beim Feuer dicht beisammen, Ti-Puss als anerkannte Frau Monty – welch ein Triumph!

Für das Würmchen muß es rätselhaft gewesen sein, daß dieser Berg warmen Felles zu ihm kam und im nächsten Augenblick ganz und gar verschwand.

Ti-Puss hatte ihre mädchenhafte Gestalt wiedererlangt; sie zeigte die langen Schenkel, die sehr schmalen Hüftknochen, die nur gerade das kurze Haar vorstehen ließen, die lockeren Schultern, die sich unter der weichen Haut wiegten wie zwei gut geölte Kolbenstangen, die vier silbrigen Beine, vor dem langen Schwanz, der sich am Ende aufbog, um nicht auf dem Boden zu schleifen. Jedes einzelne Haar fing einen Sonnenstrahl ein; einen mit Diamantenpulver besprenkelten Mantel. Plötzlich erinnerte sie sich und lief mit besorgter Miene zu ihrem Jungen zurück.

Als ich acht Tage später von einem Picknick am Wasserfall zurückkehrte, fand ich das Würmchen schlaff und tot, erdrückt unter der Wolldecke. Wie war es möglich, daß Ti-Puss ihr Kind erstickt und nichts davon gemerkt hatte?

Sie kam sogleich zu mir, sprang in den Korb, leckte das Junge und legte sich schlafen, als ob sich nichts geändert hätte. Wußte sie denn nicht, daß etwas nicht stimmte? Ich nahm das lange, seidige Würmchen nicht fort, damit sie es nicht suchte oder vielleicht den Hund verdächtigte, es gefressen zu haben.

Dann und wann weckte ich sie, um zu sehen, wie sie reagierte. Sie leckte das Junge und beschnupperte es, bepfotete es auch wie eine Maus, die zu müde ist, um zu entrinnen. Sie legte es unter ihre Brust, wie um es zu wärmen, sie schnurrte sogar und schlief weiter. Erst am Abend gab sie das Lecken auf. Ganz still saß sie im Korb und schaute mich an. So gesprächig sie sonst war, sie äußerte keinen Laut. Sie verweigerte die Nahrung.

Natürlich wußte sie von Anfang an, daß das Würmchen mit den Windhundbeinen von uns gegangen war; aber mechanisch spielte sie ihre Rolle weiter, wohl aus dem Gefühl heraus, daß etwas getan werden müßte.

Obwohl wir das Junge in der Nacht zusammen begruben, sprang sie gewohnheitsmäßig mit einem erwartungsvollen Schnurren in den Korb, wo sie von keinem Piepsen begrüßt wurde.

Am folgenden Tage benahm sie sich vernünftig – es gab keine Aufregung wie damals bei dem flammengezeichneten Cokinu –, blickte mich oft mit verständnisvollen Augen an und schloß sie halb als Antwort auf meine Bemerkung: „Arme Puss, so ist das Leben – den einen Tag da, den nächsten Tag fort!" Sie wußte es fast immer zu schätzen, wenn man sie mit Worten liebkoste, die den Umständen angemessen waren.

Um sie aufzuheitern, nahm ich sie auf den Gipfel des Kreuzberges mit. Das lebhafte Geschöpf erkletterte viele Bäume, auch wenn der Stamm viel zu dick war für die ausgestreckten Arme und es wie ein im Schaukasten aufgespießter Schmetterling festsaß. Dann wurde Ti-Puss, die vor Aufregung keuchte, von einem Geräusch erschreckt; Rücken und Schwanz hoben sich in der prächtigen Kriegshaltung ihrer Gattung.

Sie beklagte sich sehr nachdrücklich, wenn ich zu weit voraus war, oder sie setzte sich aus Protest und tat, als müßte ihr Fußgelenk unbedingt geleckt werden. Sie wollte sehen, ob der Spaziergang ganz dem Zweck diente, ihr Freude zu bereiten. Wenn sie meine Geduld erprobt hatte, rannte sie zu mir und stellte sich auf meinen Schuh, ein Zeichen der Liebe erbittend.

Im Schutz eines flammenden Rhododendronbusches, wo Nebelschwaden an uns vorbeiwallten, saß sie auf meinem Schoß, und beide ertranken wir in der reichen Fülle des Augenblicks.

Eines Tages hörte ich Stimmen an einem Ort, wo ich nie zuvor etwas vernommen hatte. Es waren die gleichmäßigen Laute einer europäischen Sprache, nicht der übliche Sturzbach des Tamil-Singsangs. Es war ein österreichischer Lehrer mit einer Freundin und einem großen Vorstehhund. Der Hund stürzte sich auf uns, Ti-Puss sprang in die Luft, und die Jagd begann, ehe ich etwas tun konnte.

Nach einem Geplauder trennten wir uns, und der Hund, der zurückgekommen war, wurde an die Leine genommen. Ich stieg bergab, durch braunes Farnkraut und über schwarzen Torfboden, und rief Ti-Puss, um mit ihr Verstecken zu spielen. Verzweifelte Schreie leiteten mich – sogar auf meinem Totenbett würde mich die Stimme einer Katze in Not sicher wiederbeleben –, und ich entdeckte Ti-Puss hoch oben in einem geraden, kahlen Baum – eine Kreuzung zwischen einer Eule und einem Affen. Die Abwärtskletterei gefiel ihr ganz und gar nicht; aber auf dem Heimweg waren wir beide einander sehr zugetan, und wir zeigten es.

Weihnachten wurde traurig für sie. An einem Fußgelenk hatte sie eine böse Geschwulst, wahrscheinlich durch einen Bienenstich. Nachdem ich das Geschwür mit einem Rasiermesser aufgeschnitten hatte, eiterte es noch wochenlang, heilte, schloß sich, schwoll wieder an und brach auf. Ich versuchte es mit allen möglichen Desinfektionsmitteln, gab ihr auch Cibazol ein. Beim Herumspringen schonte sie das Bein, das immer dünner wurde.

Sie war schwer zu behandeln, wenn ich ihr abends einen Verband anlegte, bevor ich sie in mein Bett ließ.

Unsere Spaziergänge wurden abgekürzt, und sie tollte viel weniger herum. Aber weder ihre noch meine Freude verblaßte jemals, solange wir ein Verstehen zwischen uns fühlten. Für mich war sie die elfische

Verbindung mit der ganzen Natur; alles wurde lebendig und fesselnd, nachdem sie es mit ihrem weit offenen Blick berührt hatte. Bereitwillig hatte sie unser Verstehen anerkannt. Aber woher wissen, ob diese Bereitwilligkeit nicht eines Tages aufhören könnte? Diese Sorge verlieh unserer Freundschaft noch größeren Wert.

Ein Kapitel unseres Lebens näherte sich seinem Ende. Große Veränderungen standen bevor.

Dishies Kind wurde nach England gebracht, die Siamkatzen kamen zu Freunden nach Bombay, während Dishie selbst ihre Übersiedlung nach Persien vorbereitete.

Ganz plötzlich war ich an einem kalten Regentag allein in dem stillen Hause, allein auf dem Observatory Hill. Es war der letzte Januartag, und die Katze war seit dem frühen Morgen fort. Erschrocken, kopflos war sie wie der Blitz verschwunden, als die Kulis in ihr Zimmer gekommen waren und die letzten Kisten geholt hatten, um sie auf den roten Autobus zu laden.

Ich wollte am nächsten Tag abreisen. In dieser Nacht kehrte Ti-Puss zum erstenmal seit fünf Monaten nicht zu mir zurück. Was sollte ich tun? Ich konnte nicht ohne sie fortgehen, da ich ja mit Sicherheit wußte, daß sie zurückkommen und vergeblich vor dem Fenster rufen würde. Also lief ich im Mondschein auf dem Berg herum und rief in die Stille der Nacht: „Ti-Puss! Ti-Puss!"

Endlich glaubte ich ihre Augen in dem Mimosendickicht funkeln zu sehen. Als ich mit lockenden Worten hinging und ihr sagte, daß sie nichts mehr zu fürchten hätte, fand ich nichts anderes als eine alte Blechdose, die sich im Mondschein gespiegelt hatte.

NEUNZEHNTES KAPITEL

Gen Norden

Müde, beunruhigt und sorgenvoll machte ich am Morgen um sieben Uhr wieder die Runde – umsonst. Gerade als ich beschlossen hatte, meine Abreise zu verschieben, kam eine schmutzige, hinkende, zerzauste Katze ganz erschöpft zu mir. Mit welcher Dankbarkeit hob ich sie auf, streichelte sie und erzählte ihr, wie sehr ich mich in der kalten Nacht um sie gesorgt hatte! Sie konnte ihr Hinterbein nicht mehr gebrauchen, das Bein, welches ich mit solcher Mühe geheilt hatte. Sie mußte in der Nacht irgendwo hinaufgeklettert sein, um zu flüchten, und später, meinem Ruf folgend, einen zu großen Sprung getan haben.

Ich legte sie an die Leine, und das arme Ding fiel sofort in Schlaf. Im Autobus erholte sie sich später ein wenig, während ich mit den Augen von den drei schönen Hügeln, dem Moorland und der Landschaft um Illum Abschied nahm.

Da ich mich nach Schnee und wirklichem Gebirge sehnte, war ich auf dem Wege zum Himalaja; Beryl erwartete mich in Kalimpong, nördlich von Kalkutta.

In Ponditscherri, wo ich meine Gebirgsausrüstung holte, mußte ich die Katze ganz gegen meinen Wunsch an meinem Bett festbinden; denn ich konnte mich nicht auf das Wagnis einlassen, sie bei der nächsten Abfahrt abermals zu vermissen.

Ich hatte Beryl geschrieben, daß Ti-Puss in Ponditscherri nicht mehr *persona grata* sei, weil sie Marcel Valot böse gebissen hatte, und deshalb müsse ich sie mitnehmen. Darauf erhielt ich von Beryl ein Telegramm, in dem stand, daß ich unter diesen Umständen nicht vor dem ersten März kommen könnte!

Ich antwortete, daß die Zeit knapp sei, daß ich trotzdem kommen und die Katze im Tierspital von Madras lassen würde. Beryl und ich freuten uns darauf, unser Zelt einen Monat lang an der Grenze von Tibet aufzuschlagen, und es schien unklug, diesen Plan hinauszuschieben. Hernach wollte ich Lewis in Benares treffen, um ihm mein Manuskript zu zeigen, ehe ich in die Schweiz zurückkehrte, wo meine Mutter mich brauchte.

In Madras, wo ich bei Freunden wohnte, schlief Ti-Puss sehr viel, obwohl zwei Siamkatzen sehr aufgeregt vor unserer Türe miauten.

Madras ist eine richtige Gartenstadt, wo die Entfernungen sehr groß sind; deshalb fuhren wir in einer Rikscha zum Tierspital. Hier wurde Ti-Puss durch das Kläffen der vielen Hunde in panischen Schrecken versetzt. Die Augen quollen ihr aus dem Kopf, und sie klammerte sich an mich, bis ich um ein Privatzimmer bat, wo sie sich erholen könnte. Ich glaube, ich bin wie Ti-Puss: Laute Geräusche tun mir weh, als ob es Hammerschläge auf den Kopf wären.

Der Tierarzt zeigte mir die Käfige, in denen die Katzen als Pensionäre oder Patienten untergebracht wurden. Hunde bellten in den Nachbarzellen, und die Tieflandhitze war drückend für uns, da wir ja aus 2000 Meter Höhe kamen. Nein! Ich konnte meinen Liebling nicht drei Monate lang in einen Käfig sperren. Aber vielleicht war das Gefängnisleben weniger schlimm, wenn ich sie unfruchtbar machen ließ und diese Zeit für sie zur Rekonvaleszenz wurde? Ja, die Operation konnte vorgenommen werden. Doch die Katze mußte einige Tage unter Beobachtung bleiben, damit man sicher wäre, daß sie weder Fieber noch Enteritis hatte. Das bedeutete eine Verzögerung, und ich wollte nicht abreisen, ohne zu wissen, daß die Operation gelungen wäre.

Wußte die Katze, welchem Schicksal sie entgangen war? Ich für mein Teil war froh, daß sie mein Leben weiterhin teilte, obwohl dies gegen Beryls Wünsche verstieß. Hatte meine Freundin einen Panther oder sonst einen Katzenfeind im Hause? Ich schrieb ihr in aller Eile einen Brief: „Liebe Beryl, ich komme gerade vom Tierspital, und ich habe beschlossen, meine kleine Gefährtin nicht an einem solchen Ort zu lassen. Wochenlang würde sie sich von mir betrogen und verraten fühlen. Lieber binde ich sie bis zum siebenten März in Kalimpong an meinem Bett an und führe sie einmal am Tage spazieren. Und wäre es nicht schön, Ti-Puss angesichts des Kangtschendsongas meditieren zu sehen?"

Wieder einmal waren wir unterwegs: Wir fuhren in einer „Jetka" zum Bahnhof. Die Jetka ist eine Bank über einer Art Hühnerstall auf zwei Rädern; das Gefährt wird von einem Pony gezogen, während der schmächtige Kutscher unaufhörlich eine Glocke bimmeln läßt. In Nordindien nennt man es „Tonga", in Afghanistan „Gadi".

Und wieder einmal stürzte ich mich in das Höllengetriebe eines Bahnhofs und fühlte mich, als hätte ich eine größere Schlacht gewonnen, nachdem ich endlich auf einen Sitz gesunken war. In Anbetracht unserer sehr langen Reise hatte ich etwas Neues erfunden, um den Bedürfnissen meiner Katze entgegenzukommen: Mein Rucksack enthielt eine Blechschüssel und ein Säckchen mit Sand, und diese Einrichtung sagte ihr sehr zu.

Neben mir redete ein achtzehnjähriges Hindu-Mädchen wie ein Maschinengewehr mit einer mürrischen Brahmanenwitwe in der Teluguspràche. Während der vierzigstündigen Fahrt aß die Alte keinen Bissen, „weil sie nicht baden kann", wie das Telugu-Mädchen erklärte.

Ja, Essen ist für Brahmanen eine arge Befleckung, weil die Hand mit dem Speichel in Berührung kommt. Ich erinnerte mich an die schmerzvolle Miene einer Brahmanin, die bei meiner ersten Hindu-Mahlzeit im Aschram den Reis austeilte und sah, daß der Aufschlag meiner Hose das Bananenblatt berührte, welches mir als Teller diente. Wir saßen mit untergeschlagenen Beinen auf dem Fliesenboden. Ich dachte, ich hätte das saubere grüne Blatt verunreinigt, bis Wiswanatha mir erläuterte, daß im Gegenteil meine Kleider durch das Blatt unrein geworden waren. Ich hätte gehen müssen, um zu baden und mich umzuziehen. Die Frauen wußten nämlich, daß ich nur mein Hemd jeden Tag wusch. Ein andermal kam eine elegante Amerikanerin, um mit dem Maharischi und uns allen zu essen. Sie entnahm ihrer Handtasche einen silbernen Löffel, weil sie den Reis nicht mit der Hand essen konnte. Nach beendigter Mahlzeit wickelte sie den Löffel in ein Tuch und steckte ihn wieder ein. Zwei Brahmaninnen, die an einer Säule standen, erblaßten, schlossen die Augen, hielten den Atem an ... und schluckten mühsam, während sie angewidert den Raum verließen. (Wie gut, daß sie den Schmutz nicht sahen, der manchmal auf dem Wasser meiner Badewanne daheim schwamm!)

Obwohl orthodoxe Hindus in dieser Beziehung zu äußerster Empfindlichkeit erzogen sind, spucken sie gleichwohl in aller Unschuld überall herum, sobald sie außer Hauses sind, oder wischen an jeder Wand ihre Finger ab.

Außerdem sitzen sie in der Eisenbahn fast immer mit untergeschlagenen Beinen auf der Bank und spielen mit ihren Zehen, während sie sich unterhalten. Diese nackten Füße sind mit dem Schmutz der Bahnsteige und Aborte in Berührung gekommen – denn nicht jeder Inder kann sich Sandalen leisten –, wenn es auch Tatsache ist, daß die Hindus sich stets Wasser über die Füße gießen und sie aneinander reiben, wenn sie ihre Notdurft verrichtet haben. Viel hängt von der Erziehung ab. Was Katzen betrifft, wieviel hört man von ihrer Sauberkeit! Dabei sind sie nur klug und vorsichtig. Sie müssen vor allem ihre Spuren vor ihren Feinden verbergen, da sie Einzelgänger sind und nicht auf den Schutz des Rudels zählen können.

Das Telugu-Mädchen war bereits Witwe, wie ich erfuhr. Ihr zukünftiger Mann war gestorben, als sie zwölf Jahre zählte; jetzt wollte sie Krankenschwester werden. Sie wandte sich einer neuen Reisegefährtin zu, einer dicken Eurasierin, die unter Tränen erzählte, daß ihre Tochter in einer Schule sei und schwerkrank, und nun fahre sie eiligst zu ihr.

Meistens haben die jungen Eurasierinnen eine schlanke, geschmeidige Gestalt und entzückende Bewegungen; sie tragen Kleider, die bis zum Knie gehen, machen kleine Schritte und schwenken die straffen Hüften. Mit zwölf Jahren haben sie dünne Beine und einen hohen Spann, mit dreißig einen dicken Bauch unter einem sehr engen Kleid, einen Tropenhelm und ein trauriges Gesicht

Das ausgedehnte Ohrläppchen einer stillen Tamilenfrau sah aus wie eine baumelnde Gummibandschlinge; schwere Goldwürfel hatten einst daran gehangen, ehe die Frau verarmt war oder die Schulden ihrer Kinder bezahlen mußte. Die Zeiten waren hart, die Preise stiegen, der Regen blieb aus. Und die Nahrungsmittelhilfe aus dem Norden bestand aus unbekanntem Getreide, das ein ausschließlich an Reis gewöhnter Magen nicht vertrug. Die Armen begannen zu flüstern, daß sie absichtlich vergiftet würden. Diese Tamilenfrau war keine hundertprozentige Brahmanin; doch als ich ihr von meinem Zwieback anbot, lehnte sie ab; wahrscheinlich hatte sie noch nie in ihrem Leben Brot oder Gebäck gesehen.

Weise und gelassen blieb die Katze im Gepäcknetz, während die Reise durch eine eintönige Landschaft weiterging.

Wir mußten einen ganzen Nachmittag in Kalkutta verbringen, wo ein Freund von Dishie uns am Bahnhof abholte und mit uns im Hotel „Great Eastern" zu Mittag aß. Ich hatte Ti-Puss an meinen Stuhl gebunden und wollte ihr von meinem köstlichen Beefsteak abgeben. O nein! Was glaubte ich denn? Obgleich halb verhungert, war sie eine echte Inderin – außerstande, es anzurühren!

Die Sonne ging wie eine glühende Eisenscheibe unter, als wir den Sealdah-Bahnhof erreichten; und als sie zwei Tibeterinnen beschien, die auf dem Bahnsteig standen, der mit seinem Schmutz Englands würdig gewesen wäre, schwoll mir das Herz vor Freude. Ihre Haltung, das Lächeln der Mongolengesichter mit dem straff zurückgekämmten Haar, die Schönheit des dunklen, ärmellosen Überkleides, das die rotseidenen Ärmel ihrer Bluse sehen ließ, dazu die in allen Regenbogenfarben gestreifte Schürze, das bot einen Anblick, der ganz und gar unindisch war. Die dunklen Filzschuhe, die mit grünem und rotem Flanell verziert waren, hatten eine von China beeinflußte viereckige Form. Aber wenn diese beiden Töchter des Hochlands nicht gewesen wären, hätten wir ebensogut im Londoner Bahnhof King's Cross sein können.

Nach fünfjährigem Aufenthalt in Südindien sollte ich das Hochgebirge wiedersehen ... Vielleicht konnte ich mir jetzt vorstellen, wie einem Engländer zumute ist, der sich nach jahrelangem Aufenthalt in seinem Lande Bern und den Alpen nähert.

Noch eine Nacht mußten wir im Zug verbringen, ehe wir zu der friedlichen Station Siliguri gelangten, wo zwei Bergbahnen abzweigten, die eine nach Darjeeling, die andere nach Gielkola am Tista. Manche Einzelheiten erinnerten an die Alpen – sonnengebräunte Gesichter, Rucksäcke und richtige Bergstiefel, ein kalter Wind, der von einer Gruppe tibetischer Bauern den Geruch alter Lodenbekleidung und salzigen, getrockneten Schweißes brachte. Die Bauern sprachen mit einem Mann, der einen europäischen Filzhut trug und einen tibetischen Mantel aus feinstem Gabardine über die rechte Schulter geworfen hatte. Sein geistreiches Gesicht zog mich sehr an. Im Zug erfuhr ich dann, daß es der Ministerpräsident des Fürstentums Bhutan, Raja Dordjé, war, der sich auf dem Wege nach Gangtok befand. Er wurde von einem Adjutanten begleitet, der die

Uniform der alten Miliz von Sikkim trug, einen kurzen und sehr bauschigen Rock aus gestreifter, handgewebter Wolle und auf dem Kopf einen ulkigen kegelförmigen Strohhut, den eine Pfauenfeder krönte.

Die Hauptstadt von Sikkim ist Gangtok, beinahe zweitausend Meter über dem Meer gelegen, und dort half mir Raja Dordjé vier Wochen später zwei Kulis für unsere Expedition finden.

Während unser Zug aus unerfindlichen Gründen in einer Lichtung hielt, hörte ich, wie tapfer Beryl zu Weihnachten über den Nathu La nach Tibet gezogen war – begleitet von dem Postboten, der im Tag drei Etappen zurücklegte –, um einem sterbenden Engländer in Jatung Medikamente zu bringen. Da sie zu spät kam, konnte sie nichts anderes mehr tun, als bei seiner Beerdigung zu helfen.

Das graue Wasser des Tista strömte östlich unserer Strecke dahin. Wir fuhren langsam genug, daß man die großen Goldscheiben an den Ohren der Leptscha-Frauen sehen konnte. Ihre schweren Rückenlasten wurden durch ein Stirnband festgehalten.

Die Bahnlinie endete im Walde. Die Fahrgäste gingen zur Landstraße, wo mehrere Taxis auf uns alle warteten. Auf der anderen Seite einer Brücke begann die Straße nach Kalimpong sogleich von einer Haarnadelkurve zur anderen zu steigen, während die ebene Straße, die dem Fluß folgte, nach Gangtok und weiter nach Tibet führte bis Lhassa, von Telegrafenstangen gesäumt. Vor einigen Jahren hatte ich den einsamen nördlichen Teil von Tibet durchquert; jetzt verlangte es mich, seine südlichen Dörfer, Häuser und Klöster zu sehen, und ich hoffte, die Erlaubnis zum Betreten dieses Landes zu erhalten.

ZWANZIGSTES KAPITEL

Kalimpong

Als sich das Taxi dem gewellten Kamm näherte, der auf dem Kalimpong 1300 Meter über dem Meere liegt, war keiner der Riesengipfel des Himalaja zu sehen. Der Ort hatte sich als letzte Etappe der Karawanen, die Wolle aus Tibet bringen, zu einem bedeutenden Handelszentrum entwickelt. Denn die Maultiere, die an das fast 4300 Meter hohe, von Schneestürmen gepeitschte Plateau von Phari gewöhnt sind, vertragen den Höhenunterschied zur Endstation am Grunde des heißen und engen Tales nicht. Stallungen, Lagerhäuser, Gasthöfe, Scheunen und Gebetsfahnen erstrecken sich östlich vom Basar, vom Marktplatz und von der Hauptstraße.

Die meisten Villen und auch zwei kleine Hotels verstreuen sich jedoch über die Westseite des Kammes, der sich weit hinzieht und in einem bewaldeten Hügel endet. Alles in allem muß sich das bewohnte Gebiet über zehn Kilometer ausdehnen.

Wir schlugen weder die östliche noch die westliche Richtung ein. Auf dem Sattel des Kammes angelangt, bog der Chauffeur nordwärts in eine kurze Gasse ein, die man aus dem Berghang gehauen hatte, der in einem einzigen Schwung zu dem drunten zwischen immergrünen Urwaldbäumen dahinrauschenden Tista abfiel.

Wir fuhren unterhalb der Werkstätten für Kunst und Kunstgewerbe an einigen Gemüsegärten vorbei und hielten bei einem Zaun, der einen terrassenförmigen

Obstgarten namens „Flower Patch“ schützte. Hier war kein anderes Gebäude in Sicht außer einem kleinen Haus, das weiter unten, nach Norden gerichtet, auf einem vorspringenden Plateau über einem steilen Buschwald stand. Weiter unten gewahrte ich wie auf einem chinesischen Bild ein paar strohgedeckte Hütten, die von Bambusdickicht umgeben waren.

Geradeaus hatte man einen weiten Ausblick auf unzählige Berge, ähnlich dem unseren, aber ohne Dörfer ... fünfundsiebzig Kilometer weit erstreckten sich Berge und Täler bis zum Kangtschendsonga, den immer noch Nebel verhüllte.

Beryl hatte für mich ein Zimmer gemietet; alles war in schönster Ordnung. Sobald das Wetter milder war, wollten wir uns nach dem wenig bekannten Norden aufmachen, wo sie mit ihrem Mann während seines letzten Urlaubs gewesen war.

Steil aufwärts durch den Wald über der Gasse führte Beryl mich; dann ging es einen schroffen Pfad hinauf, den totes Laub völlig verdeckte, an zwei Blockhäusern vorbei zur Kammhöhe, die ein zivilisierter Teil der Erde war – mit einem Tennisplatz, breiten Wegen, einem Sanatorium und zwei Villen. Diesen Weg sollte ich sechsmal am Tag gehen, manchmal mit Ti-Puss zusammen.

In der zweiten Villa hatte ich ein kaltes Zimmer, wo ich die erste Nacht in meinem Schlafsack schlief. Ti-Puss freute sich sehr, daß sie mich wiederhatte, und gab Laute von sich, die ich als Freudengegurgel bezeichnete.

Nach drei Tagen vollständiger Ruhe, in denen ich für Ti-Puss von «Flower Patch» Futter holte, nahmen wir unsere täglichen Spaziergänge wieder auf. Ich liebte die trockene Kälte; das tote Laub raschelte aufregend für die Katze. Eine ganz neue Welt bot sich uns.

Aber die Freiheit brachte Ti-Puss als erstes einen großen Schrecken. An einem sonnigen Plätzchen vor meinem Fenster war an einem Pfosten ein Affe angekettet, der sich keine Minute still verhielt. Ti-Puss hatte einen weiten Bogen um ihn gemacht, als wir zusammen an ihm vorbeigekommen waren. Weiter unten, gerade über der Straße, die zum tibetischen Basar führte, trabten Ponies vorbei, und Tibeter schlenderten dort in der lässigen Haltung an Land gegangener Matrosen; ihre Arme waren frei – den Mantel hatten sie sich um die Leibesmitte gebunden, und mit ihren hohen Stiefeln, dem weißen Hemd und dem großen Filzhut sahen sie wirklich sehr flott aus.

Auf den Steinstufen rasselte eine Kette: Der Affe war uns nachgekommen. Da raste Ti-Puss bergauf, während der Affe neben mir stehenblieb, bevor er zu seiner Behausung ging. O, diese panische Angst! Die Katze vergaß alles, das Haus und ihr offenes Zimmer, vertraute nur der Geschwindigkeit, der wunderbaren Geschwindigkeit, und vielleicht auch einem hohen Baum, auf dem sie stundenlang bleiben konnte.

Ich ging sie suchen. Es war ihr keine andere Wahl geblieben, als bergauf zu laufen – entweder über den malerischen Waldweg, der zu einer Schule führte und weiter ostwärts zu dem lauten und bunten tibetischen Tempel oder oberhalb des Sanatoriums über den schmalen Weg, der der Kammhöhe folgte.

Ich rief. Ich saß wartend oder spähte nach Sträuchern und Astgabeln aus. Ich horchte auf ihre leichten Schritte in raschelndem Laub. Ich lauschte der Angst in meinem Herzen: Würde sie mich für immer verlassen und das Band zerreißen, das uns vereinte, dieses Band, das ihr Leben nicht nur einmal, sondern schon viele Male behindert hatte?

Zwei Stunden später befand ich mich auf der Nordseite des Kammes, und dort kam sie verstohlen zu mir. Die tiefe Freude dieses Augenblicks ... Liebe wallte auf zu meinen geschlossenen Augen; die Katze und ich selbst waren vergessen im großen Frieden der Wunschlosigkeit! Als wir zusammen zwischen den Wurzeln eines alten Baumes saßen, lag ganz Sikkim zwischen uns und dem bewölkten Himalaja fern im Norden. Gerade unter uns war in dem nie gestörten Schweigen dieses großen Berghanges der waagerechte Streifen des christlichen Friedhofs aus dem Walde gerodet worden – sicher einer der ergreifendsten Friedhöfe der Welt, einfach und so schmucklos, daß sich die Symbolik der sterblichen Erde und des ewigen Himmels in der vollkommenen Harmonie windumspielter Blätter in vollendeter Schönheit ausdrücken konnte.

Da Beryl übers Wochenende verreist war, beschloß ich, Ti-Puss in Winnies Reich zu bringen, um zu sehen, was geschehen würde. Je früher, desto besser, dachte ich; denn sie mußten ja wahrscheinlich beisammen bleiben, wenn wir nach Tibet gingen. Bisher sah dieses Unternehmen noch ziemlich zweifelhaft aus. Ich hatte Pangda Tschan aufgesucht, den Handelsagenten dieses weiten Landes, der mit seiner Frau und seinen Angestellten in einem modernen gelben Betonhaus wohnte. Seine Frau trug dieselbe hübsche Schürze, die ich zum erstenmal auf dem Bahnhof von Sealdah gesehen hatte, nicht unähnlich den Schürzen, die zur norwegischen Tracht gehören. Dieser tibetische Beamte hatte keine Befugnis, Reisenden ein Einreisevisum zu geben; bestenfalls konnte er deswegen nach Lhassa schreiben. Ich erfuhr, daß gerade das tibetische Neujahrsfest gefeiert wurde – daher das Dröhnen, Trommeln und Muschelblasen im Lamakloster.

Auf dem Rückweg von Pangda Tschan schlenderte ich am östlichen Ende von Kalimpong durch den Basar und sprach den indischen Leiter eines Stoffgeschäftes an, weil er außerordentlich intelligent aussah. Seine Firma besaß Karawanen und hatte eine Filiale in Gangtok. Ja, ich konnte mit seinen Maultieren reisen; was Kulis betraf, so konnte man sie leicht für eine Rupie am Tag dingen. Sicher war sein Agent in Gangtok imstande, mir zu helfen; er gab mir einen Brief für diesen Mann, falls ich die Reise von dort anträte. Anscheinend mußte ich mir von den Beamten dieser kleinen Hauptstadt weiterhelfen lassen.

Um eine Vorstellung von der allgemeinen Lage zu gewinnen, suchte ich den Besitzer „unseres" Affen auf, einen Ladaki-Tibeter namens Tartschin, der Herausgeber der damals einzigen tibetischen Zeitung war. Ich freute mich, wieder einmal unter Tibetern zu sein. Ich liebe ihr offenes Gesicht, ihr häufiges Lächeln, die jugendliche Kraft und Geradheit, die ihnen eigen sind, ihre besondere Mischung von Grobheit und Verfeinerung. Ohrringe aus Türkisen, dicke Zöpfe, hohe Wollstiefel, große silberne Amulette, die am Hals getragen werden, Schnupftabakfläschchen, die freigiebig herumgereicht werden, bilden einen hübschen Anblick, und ohne Mühe wischte ich mir genau wie sie die Nase am Ärmel ab.

In eine rote Toga gehüllt hockten zwei Lamapriester am Boden und tranken Tee aus chinesischen Tassen, die von einer freundlichen Frau oft nachgefüllt wurden. Tartschin war der Dolmetscher Sir Basil Goulds gewesen, als dieser zur Einsetzung des vierzehnten Dalai-Lamas nach Lhassa gegangen war. Was meinen Plan betraf, so meinte er, daß wir vielleicht Erfolg hätten, wenn wir versprächen, nicht von der Hauptstraße abzuweichen.

Als Clio an diesem Abend im Bett war, holte ich mir Ti-Puss, trug sie den steilen und schlüpfrigen Waldweg hinunter und zeigte ihr jedes Zimmer von „Flower Patch". Das Wohnzimmer ließ ich bis zuletzt, und dort griff mich trotz meiner feierlichen Vorstellung die teuflische kleine Winnie an, sprang mir auf die Schulter und begann mich zu zerkratzen! In sicherer Entfernung von Ti-Puss hielt ich sie auf einem Kissen fest; während ich sie besänftigte und ihr ehrlich zugab, daß sie alles Recht habe, mich zu hassen, versuchte ich ihr klarzumachen, daß unser Besuch nur von vorübergehender Dauer sei, nur so lange, bis ich meine kindliche Sehnsucht, Tibet wiederzusehen, befriedigt hatte.

Am folgenden Abend wiederholte ich das Experiment. Ich setzte jede Katze in einen Sessel, den ich allmählich näher zum Kamin rückte, und fütterte beide gleichzeitig. Winnie war noch jung, sehr ähnlich ihrer verspielten, wunderhübschen Mutter Smuts, die ihr Kind vor einem Monat verlassen hatte, weil sie nach Bombay ging. Ti-Puss wirkte im Vergleich recht erwachsen; aber wenn sie verwirrt war, blickten ihre großen Scheinwerfer-Augen noch voll kätzchenhafter Verwunderung. Sie reagierte auf Winnie mit viel Nachsicht; zweifellos erinnerte die kleine Katze sie an Monty, der dieselbe schöne hellgelbe und dunkelbraune Iltiszeichnung gehabt hatte.

Ob die Erinnerung etwas damit zu tun hatte oder nicht, am nächsten Tage teilte Ti-Puss der Welt mit, wie traurig es sei, gattenlos zu sein! Ich Arme befürchtete, mit einer ganzen Katzenfamilie durch Indien reisen zu müssen, und hielt sie wie einen Hund an der Leine. Wie muß sie mich gehaßt haben! Oder war sie zu elend, um überhaupt etwas zu merken? Jedenfalls verweigerte sie jegliche Nahrung.

Wir übersiedelten beide nach „Flower Patch", und das Leben wurde für uns leichter. Wir konnten unsere Augen nun am Kangtschendsonga weiden, der bei Sonnenaufgang, ehe die Nebel sich um ihn ballten, eine Weile sichtbar wurde. Hinter den vielen blauen und grünen Schatten der zahlreichen Berghänge, die sich zu Füßen der kolossalen weißen Pyramide wellten und abstürzten, erhob sie sich zu 8693 Meter Höhe, wie die Achse der Welt an der Grenze von Nepal, Tibet und Sikkim. Simwu und Sinioltschu waren dort seit ungezählten Zeitaltern im reinen Äther unter den niedrigeren Gipfeln zu weißen Wellen gefroren.

Wir gingen jetzt immer auf unserer Seite von Kalimpong spazieren, auf der wilden nördlichen Seite, die den Friedhof barg.

Auf dem Wege dorthin durchquerten wir eine Schlucht, wo die Abfälle von Kalimpong abgeladen wurden; der Müll verweste fortwährend, und ein leicht säuerlicher Geruch schwebte über dem urwaldartigen Gebüsch.

Etwas weiter kamen wir zwischen engen Felsenklippen an den Überresten zufälliger hinduistischer Verbrennungsplätze vorbei, auch an Löchern, die Schakale gegraben hatten und in denen man einen Knochen oder einen Schädel sehen konnte. Zuerst überraschte mich dieser Anblick; aber in Indien haben solche Orte gar nichts Unheimliches. Sie gehören zur natürlichen Ordnung der Dinge. Ich fand sie sogar beruhigend. Wenn ich in Tiruvannamalai spät abends nach Hause gegangen war, hatte ich oft den schmalen Weg am Fuße des Berges gewählt, weil er mich über Brachland führte, wo manchmal noch verlassene Scheiterhaufen brannten; nach Vollendung ihrer sauberen und nützlichen Arbeit sah die glimmende Kohle im dunklen Samt der Nacht wunderbar aus.

Noch weiter unten kreuzten wir den Kulipfad, der sich bis nach Mali hinunterschraubte, einem Dorf am Tista, das 1200 Meter tiefer lag. Dort konnten unsere scharfen Augen die Leptscha verfolgen, die eine Holzkohlenladung von achtzig Pfund bergauf trugen; in der einen Hand hielten die Frauen und Männer einen gegabelten Stock, den sie während des häufigen Rastens unter die Last schoben, um Atem zu schöpfen. Genau wie Kamele, dachte ich, wenn sie ihre Höchstlast tragen. Es ist für sie viel zu ermüdend, sich niederzulassen und nach der Ruhepause mit der Ladung aufzustehen. Die dicken Beine der Leptscha waren überentwickelt, ihre breiten Gesichter mit den hohen Backenknochen sehr angespannt. Manche von ihnen kletterten zweimal am Tag hinauf. Als ich einmal, mit Clio auf einem Pony, hinunterging, um im Tista zu baden, hatten wir Gelegenheit, diese armen Kulis zu betrachten.

Gerade unterhalb von „Flower Patch" hatten wir zwischen dichtem Gebüsch eine Art Privatweg. Weiter westlich mußten die Felder und Hütten wegen Ti-Puss' Ängstlichkeit vermieden werden; zuweilen kam ich ohne sie nach Hause.

Nach einiger Zeit bewegte sie sich frei und freute sich des Lebens bis auf den Waffenstillstand zwischen ihr und Winnie. Im Garten hüteten sie sich, allzu nahe beieinander in der Sonne zu liegen, und wenn ich Ti-Puss liebkoste, gab Winnie keine Ruhe, bis Beryl auch mit ihr zärtlich war.

Die Nächte waren immer noch kalt, und die Katze kroch weiterhin zu mir ins Bett, wo sie sich voll ausgestreckt schnurrend entspannte. Diese Schnurrorgie setzte sich fort, während ihr Kinn unbarmherzig auf meinem Arm ruhte. Was für einen schönen Körper sie hatte, fest, obwohl weich und der Hand nachgebend, mit zarten Knochen und drahtigen Sehnen!

Wenn ich die Decke hob, begegnete sie meinem Blick mit ihren großen Dämonen-Augen, als wollte sie sagen: „Sind sie nicht erstaunlich? Hast du jemals so etwas gesehen?“ Und dann zupfte sie mit ihren gefährlichen Pfoten Fäden aus dem Kissen, wobei sich der sehnige Körper aufmerksam spannte und die Augen sich wonnevoll halb schlossen.

Dann kam der Morgen meiner Abreise nach Gangtok.

Ich ließ Ti-Puss in „Flower Patch“ zurück. Auch wenn Beryl mir später nachreiste, der Koch war ein wackerer und verläßlicher Mann: Er sollte meine Katze einmal am Tag, um sechs Uhr abends, füttern, und zwar in meinem Zimmer, wo sie über Nacht eingesperrt werden sollte ... Sonst könnte sie das Herumstreunen im dunklen Urwald auf allzu viele wilde Gedanken bringen.

Als ich mich auf die Suche nach ihr machte, fand ich sie auf der Veranda. Es beglückte sie, in der Morgensonne zu liegen. Ich hob sie auf und gab ihr auf der Veranda etwas frische Milch; dann trug ich sie wieder zu ihrem Sonnenplätzchen, dabei hielt ich sie eng an meine Wange. Sie war anschmiegsam, hingegeben und weich – weich wie seidige Kaschmirwolle. Ich war in großer Eile, weil ich mit Beryl zu lange über mögliche Schwierigkeiten gesprochen hatte. Ich wußte, daß ich den ganzen Weg der Holzkohlenkulis im Lauf-und Sprungschritt zurücklegen mußte, um meinen Autobus in Mali am Tista zu erreichen.

Tibet – Der dritte Verlust

Der britische Gesandte hatte mich eingeladen, bei ihm zu wohnen, und ich hatte mich nicht getraut, ihn zu fragen, ob er Katzen liebte. Höchstwahrscheinlich besaß er Hunde, und da ich keine Dämonen-Augen wie Ti-Puss hatte, durfte ich das Wagnis nicht eingehen, ihn gegen mich aufzubringen : Allzuviel hing von ihm ab. In drei bis vier Wochen wollte ich zurück sein.

In Bezug auf unsere Reise nach Tibet gab es eine Regel, welche besagte: „Im Winter dürfen keine weißen Frauen über die Pässe"; und jetzt hatten wir Anfang März. Eine andere Vorschrift war hinzugefügt worden: „Weiße Frauen müssen von einem weißen Mann begleitet werden." Außerdem konnten Ausländer im Gegensatz zu britischen Untertanen, die auf der Treaty-Straße gewisse Vorrechte genossen, nicht ohne Zustimmung von Lhassa reisen.

Als aber der erste Duft des Frühlings den Bergausläufer umgab, auf dem Gangtok mit seinen zerstreuten Häusern und Gebetsfahnen liegt, und große Magnolien ihre köstlichen Blüten entfalteten, wurden diese Schwierigkeiten nacheinander überwunden.

Während dieses Aufenthalts, der sehr erfreulich gewesen wäre, hätte die Ungewißheit nicht immer noch meine Zukunft verschleiert, brachte mir ein Besucher Nachricht über Ti-Puss, nämlich einen Brief von Tom Sullivan. Er war eingeladen worden, mein Zimmer zu benutzen, doch unter der Bedingung, daß er für meinen kostbaren Liebling sorgte. Ti-Puss weckte ihn, wenn sie zu Bett gehen wollte, indem sie seine Wange bepfotete; versuchte er sie zu streicheln, so biß sie ihn, und sie lehnte es ab, ihn als meinen Nachfolger anzuerkennen. Er wagte sich nicht mehr im Bett umzudrehen ... Was Winnie betraf, so hatte sie Ti-Puss am Tage nach meiner Abreise angegriffen.

Das waren schlechte Nachrichten. Ich konnte meine kleine Freundin nicht mehr beschützen.

Nahrungsmittel wurden eingekauft und Kulis gesucht – diejenigen, die ich in weiser Voraussicht angestellt hatte, streikten, als sie hörten, daß die 4300 Meter hohen Pässe erneut von Schneemassen bedeckt waren. Raja Dordjé half mir, ebenso der Gesandte und der tibetische Handelsagent. Beryl holte mich in der Herberge von Tangu ein. Ich war durch das tropische Klima arg geschwächt und mußte in langsamem Tempo beginnen. Wie geplant, gingen wir nach Phari Dzong, der höchstgelegenen tibetischen Stadt, die in 4300 Meter Höhe unweit des herrlich einsam aufstrebenden Tschomolhari-Gipfels, der göttlichen „Königin der Berge", liegt.

Unterwegs schmeichelte ich allen tibetischen Katzen, denen ich begegnete, und bat sie, Ti-Puss, die wohl ungeduldig auf mich wartete, meine liebevollen Gedanken zu überbringen. Im ganzen waren sie immer noch in Winterschlaf-Stimmung und reagierten überhaupt nicht auf meine Annäherungsversuche. In Ritschingong hinter dem Dschelep La sprach ich mit einem verschlafenen Kater, der in ein außerordentlich dickes graues Fell gehüllt war; er lag vor dem Kamin eines Gasthofs für Maultiertreiber, wo Beryl und ich tapfer alles Eßbare kosteten.

Im Kloster Dungkar über der kleinen Ebene von Lingmatang streichelte ich den dreifarbigen Liebling eines Lama-Schneiders, der uns in seinem gut ausgepolsterten Zimmer neben seiner Nähmaschine Tee vorsetzte. Das war gewiß eine der glücklichsten Katzen von Tibet; und „Flower Patch" schien sehr weit entfernt von unserem schneesturmgepeitschten Tal. Wir hatten einen anderen Erdteil betreten ... Ein unbehagliches Gefühl erwachte in mir, wenn ich daran dachte, daß ich mir nicht die Zeit genommen hatte, Ti-Puss zu erklären, um was es sich handelte und wie viele Tage ich fort sein würde. Das hatte ich früher immer getan, in Ponditscherri, als ich für vierzehn Tage nach Madras fahren mußte, auch in Trivandram, als ich die Lagunen im Norden des Staates durchsegelte.

Auf dem Rückweg legten wir drei Etappen an einem Tage zurück (Beryl mir weit voraus, weil ich dachte, ich könnte es vor Müdigkeit nicht schaffen). Wir freuten uns über unsere Leistung. Wir hatten schrecklich gefroren, wie wir es uns gewünscht hatten, und einmal waren wir bis zu den Hüften in tiefem Schnee umhergetappt, auf der Suche nach einem Weg, der den Nathu La mit dem Dschelep La verbinden sollte.

Ein freundlicher, aber sehr wackliger Jeep brachte uns nach Kalimpong und ersparte uns den langsamen Autobus. Hinunter zu der großen Brücke, hinauf über die Haarnadelkurven jetzt vorbei an der Büste der Königin Victoria unter ihrem tibetischen Baldachin ... dann der Abstieg nach „Flower Patch" ... dort war der Zaun, das Tor ... Und Beryl rief auf dem Pfad ihre Katze ... Ich folgte ihr und lockte: „Ti-Puss! Minou-Pussely?"

Da war Winnie, überschäumend vor Wiedersehensfreude; ihr dunkler Schwanz stand in die Höhe wie eine kleine Tanne, und liebevolle Arme hoben sie auf. Mein Herz krampfte sich zusammen ... Keine graue Ti-Puss sprang auf mich zu, und ich erkannte, daß sie nicht da war. Trotzdem ging ich ums Haus herum und rief sie laut, obwohl ich von einer mir unbekannten Kinderfrau erfuhr, daß mein Liebling in den letzten vierzehn Tagen nicht mehr gesehen worden war.

Zwei Wochen – das war nichts im Vergleich zu den sechs Wochen in Kodai Road oder sogar zu den zwölf Tagen in Raipur, als sie das Schlüsselbein gebrochen hatte. Sie mußte wiederkommen, und wenn ich sie oft genug rief, hörte sie wohl meine Stimme und wußte, daß sie nichts mehr zu fürchten hatte.

Doch dann berichtete mir Beryl einige Einzelheiten, die sie verschwiegen hatte, um mir die Reise nicht zu verderben.

Sie hatte ihrer Freundin Mary eine große Gefälligkeit erwiesen und ihr „Flower Patch" zwei Wochen früher abgetreten, als vereinbart worden war. Mary war mit ihren drei Buben, zwei Terriern und vielem, von Kulis herbeigeschlepptem Hausrat eingezogen, und in der ersten Nacht hatten die beiden Katzen nach der Fütterung, verjagt von den beiden Hunden, unglückseligerweise draußen geschlafen. Am folgenden Morgen kehrte Winnie zurück, während man Ti-Puss nur einen Hund anfauchen hörte. Und das war alles, was man von ihr wußte.

Für den Fall, daß sich Ti-Puss immer noch in der Gegend aufhielt und sich meiner erinnerte, wollte ich alles Menschenmögliche tun, um sie wissen zu lassen, daß ich wieder da war.

Die Dämmerung senkte sich herab, als ich rasch durch den steilen Wald zu meinem früheren Haus hinaufstieg. Vielleicht wartete die verwirrte Katze dort auf mich. Den ganzen Weg rief ich, blieb stehen und lauschte mit klopfendem Herzen, oft glaubend, ich hätte ein leises „Mie" gehört.

Ja, wahrscheinlich war es meine kleine Katze gewesen, die vor einer Woche durch ihre Zimmer gelaufen sei, sagten mir die Burmaninnen, die früher meine Nachbarinnen gewesen waren; sie wollten mich sofort benachrichtigen, wenn es wiederum geschah.

Beryl wohnte jetzt in einem anderen Haus, und ich war zu den Odlings gezogen, anstatt sofort abzureisen; aber ich beschloß, drei Nächte in „Flower Patch" auf dem Sofa im Wohnzimmer zu verbringen, wo ich Milch und Fleisch aufs Fensterbrett stellte. In der Nacht stand ich oft auf. Ich saß im Garten und rief mit leiser, unterdrückter Stimme, die weit durch die reine, kristallklare Stille trug, in der das Flüstern eines fallenden Blattes wie in Ewigkeit eingeätzt war. Mein Herz hämmerte vor freudiger Erwartung, sooft in den Sträuchern unter der Terrasse leise Tritte hörbar wurden.

Einmal fühlte ich mich sogar so sicher, daß es Ti-Puss war – zu ängstlich, heraufzukommen –, daß ich in der Dunkelheit Stufe um Stufe hinabkletterte, wobei ich mich an Zweigen festhielt, um nicht auszurutschen. Dann saß ich lange an der Stelle, wo wir so oft zusammen gewesen waren, und bat den Luftzug, ihr meine Worte zuzutragen: „Ti-Puss, mein kleiner Liebling, komm wieder zu mir! Laß mich dich berühren, laß mich dein Kinn in die Hand nehmen und dir Lebewohl sagen, wenn du wirklich lieber in der Wildnis leben willst. Du kannst nich fern sein. Wenn du auf Jagd warst, mußt du in all diesen Nächten meine Stimme gehört haben. Drei ganze Jahre haben wir miteinander gelebt, nur wir beide zusammen, du kannst dich noch nicht ganz gelöst haben. Du kannst nicht sehr fern sein. Komm zu mir! Ich brauche ein Zeichen."

Im dunklen Unterholz mochte sie nahe sein, lauschend, zögernd. „Ja, ich habe dich gekränkt, habe mich in deine Lebensweise gemischt, obwohl ich dich glücklich machen wollte. Ich wollte mir nicht nur das Dasein erleichtern, sondern dir auch Leid ersparen. Ich wollte dir nur Gutes bringen, so daß unsere Freundschaft reich würde und du mir restloses Vertrauen schenktest. Ich ersehnte Vollkommenheit in allem, was uns beide betraf. Ich versprach dir zuviel ... und vergaß, daß es nur im Paradies möglich ist, wo es Zeitlosigkeit gibt! Hier fürchtete ich es teilweise, weil ich in der Zukunft lebte. Ich wollte verhindern, wollte weise sein ... Ich war dir nicht wirklich ergeben. Ich lebte zu sehr für das Morgen! Was tun, wenn du beschlossen hast, mich zu verlassen, oder wenn du wieder Mutter bist?"

Ich kletterte zur Veranda zurück – vielleicht war sie im nächsten Baum. „Meine Ti-Puss, gefällt dir dein neues Leben? Und wo kannst du friedlich schlafen? Sag mir, glaubtest du, ich hätte dich aufgegeben, als du auf einmal in einem solchen wimmelnden Zirkus von einem Haus warst? Hattest du uns alle satt? Das Warten auf mich wäre für dich der einzige Grund zum Ausharren gewesen, und ich habe dir gar nichts von meiner Rückkehr gesagt."

Wenn ich tief in mich hereinhorchte, hörte ich eine leise Stimme zu mir sagen: „Letzten Endes ist es deine Schuld, weil du dachtest, du könntest deine Katze in Kalimpong zurücklassen und so ihr Schicksal entscheiden, anstatt sie einzuschläfern oder zu versuchen, sie an Bord des Schiffes zu schmuggeln. Darum hast du ihr nichts von deiner Rückkehr gesagt. Natürlich spürte sie deine vorübergehende Treulosigkeit. Sie mochte nicht mehr von deiner Gnade abhängig sein und ging stolz davon. Sie hat getan, was du wolltest. Sie war durchaus der beste Freund. Und für dich ist das schmerzlicher, als wenn die Entscheidung nur bei dir gelegen hätte!"

Beryl hatte Kalimpong verlassen. Clio war wieder in ihrem Schulpensionat. Ich war allein. Aber meine Zeit war knapp. Nicht nur erwartete mich Lewis in Benares, sondern ich hatte schon längst meinen Schiffsplatz nach Europa gebucht. Zum ersten Mal war ich von meiner Mutter, die nie Ansprüche an mich gestellt hatte, gebeten worden, zu ihr zu kommen. Sie brauchte mich, da mein Bruder schwerkrank war.

Tagsüber machte ich meine Runde zweimal, ging vom Hinterhof der Kunstwerkstätten zum christlichen Friedhof und von meinem ersten Haus zu den verlassenen Totenschädeln der armen Leptscha.

Im Vergleich zu Kodai Road, einem sehr häßlichen Ort, war Kalimpong ein Paradies, wenn auch im Winter kalt, und Ti-Puss brauchte mich nicht mehr, falls ihr Fuß nicht wieder eiterte. Eines Tages würde sie sicher nach „Flower Patch" zurückkommen – auf der Suche nach Milch oder einer freundlichen Hand –, wenn kein Mensch mehr die Geschichte ihrer vielen Pilgerfahrten kannte. Aber dann würde sie vielleicht mit Steinen beworfen ...

Sie hatte gewählt. Sie war diejenige, welche entschied, wie ihre Lebensgeschichte enden sollte: auf einem kleinen Erdenfleck gegenüber dem fernen Himalaja. Sie fehlte mir viel mehr, als ich ihr jemals fehlen konnte.

Der Gärtner brachte mir ein einfältiges, pfeffergeflecktes Kätzchen. Was mir fehlte, war jedoch nicht nur eine Katze an sich, sondern unser zartes Verstehen, die vergangenen gemeinsamen Jahre, unser gegenseitiges Vertrauen. Ich hegte das Verlangen – ein Verlangen, das sich niemals stillen ließ –, zu wissen, daß sie den Menschen gegenüber keine Bitterkeit mehr empfand oder es übelnahm, verlassen worden zu sein. Wie konnte ich dieses Gefühl tilgen, daß ich sie im Stich gelassen, daß ich nicht der vollkommene Freund gewesen war, wie ich es gewünscht hatte?

Ich gab alle Hoffnung auf – ich mußte ja abreisen – und schlief bei den Odlings am westlichen Ende des Kammes. Beim Mittagessen kam von Mary die Nachricht, daß meine Katze in der vorigen Nacht an ihrem Hause vorbeigelaufen sei.

Ich kehrte sofort nach „Flower Patch" zurück und verbrachte dort den Tag, streifte durch die Schlucht, rief, hoffte, schaute mir die Augen aus. Meine kleine Katze wußte, daß ich wieder da war; bald würde ich ihren wunderschönen Körper streicheln, ihre geheilte Schulter.

Um zehn Uhr abends beschloß ich, da mir all dies zuwider war, Ti-Puss zu vergessen. Als Freunde kamen, mich abzuholen, beging ich meinen letzten Fehler und nahm an einem Ball in der „Homes High School" ganz am östlichen Ende des Kammes teil.

Eine mir unbekannte, schüchterne Dame, die eine halbe Stunde später dort erschien, trat zu mir und fragte: „Sind Sie Ella Maillart?", worauf ich mit einem

Versuch, witzig zu sein, die geistlose Antwort gab: „Ich glaube, so nennt man mich." Sie sagte: „Mary läßt Ihnen ausrichten, daß Ihre Katze auf dem Baum neben der Veranda sitzt."

Oh, diesmal aber rasch! Meine kleine Freundin suchte mich. Jemand erbot sich, mich die sechs Kilometer hinzufahren. Wie hatte ich meine entzückende kleine Katze vergessen können! Ich wollte für sie sorgen, was auch geschehen mochte. „Schnell, ach, bitte schneller! Ich brauche sie so sehr. Ich möchte sie nicht verfehlen; denn nun bin ich sicher, daß sie mich braucht!"

Ein blasser Mond ging auf, als ich wieder einmal durch den Obstgarten lief. „Mary? Ich bin es, Ella! Ti-Puss, meine Ti-Puss, wo bist du?"

Vor einer halben Stunde hatte Mary der Katze, die immer noch in dem Baum saß, sehr behutsam Fleisch gebracht, und da war ihr dickes indisches Kindermädchen herausgerannt und hatte geschrien: „Madame, dort ist die Katze! Ich sehe sie!" Darauf war Ti-Puss entsetzt geflüchtet.

Ich beschloß, den Rest der Nacht Wache zu halten.

Alle fünf Minuten rief ich ihren Namen. Wieder einmal erfüllte die Stille meine Welt; nur ein leises Geräusch war zu vernehmen, wenn ein totes Bambusblatt den Boden berührte. Dann erhob sich der Wind und brauste so stark in den Büschen, daß ich ihre nahenden Pfoten nicht hätte hören können. Ab und zu wurde mir der säuerliche Geruch der Müllgrube zugetragen. Rätselhafte unterdrückte Laute ... war es ein Eichhörnchen über mir? Oder ein Vogel? Und dort, war das der buschige Schwanz einer Wildkatze, was in jenem Baum herumhuschte? Zwei Schakale rasten plötzlich bergab, als sie mich in einen Strauch kriechen sahen.

Ich rief aus vollem Herzen, während meine fühlsamen Hände sich nach ihrer weichen Haut sehnten. Diesmal würde es gelingen, davon war ich überzeugt. Ich hörte ihre Stimme ... Nein, es war nur der Mond, der sich dem weißen Thron des Kangtschendsongas näherte, dem Symbol unirdischer Vollkommenheit. Da Ti-Puss zweimal abends um zehn Uhr erschienen war, wollte sie vielleicht auf diese Weise mit mir eine Verabredung treffen? Gut! Ich wollte noch einen letzten Versuch machen, die Katze an meine Brust drücken zu können. Ich wollte wiederkommen und von neun bis Mitternacht Wache halten.

Die letzte Tür im Hause ist zugeschlagen. Ich bin allein und lausche meiner schwachen Hoffnung. Unzählige Male glaube ich ein fernes „Mie" zu hören ... Auf gleiche Weise erscheinen immerzu, wenn man in der Nacht nach einer unsichtbaren Küste segelt, an allen Punkten des Horizonts eingebildete Leuchttürme.

Die Lichter von Kalimpong sind in den Straßen verloschen. Mitternacht. Ich kann noch nicht gehen! Noch eine Stunde ... die letzte voller verzagter Hoffnungslosigkeit wie auch voller Hoffnung. Wird sie mich in ihrer Todesstunde vermissen, meine Hände vermissen, die ihren fiebernden Kopf streicheln? Wird sie sich nach der Ruhe, frei von Furcht, sehnen, die sie in meinem Haus genossen hat?

Und ich? Ich muß ohne dieses weiche Wesen auskommen ... Geliebte Ti-Puss, wirst du mein Herz lehren, sich aus sich selbst zu nähren, so daß es seine nutzlosen Streifzüge aufgibt und endlich seine eigene Fülle erkennt? Liebe und Schönheit und Wissen ... du hast mich das Ewige schauen lassen. Wie kann ich es dir jemals vergelten?

„Ti-Puss, ich liebe dich – wo bist du? Ich gehe, mein Kleines." Dreimal raschelt es hintereinander! Ist sie's, die da zu mir klettert, weil meine Gedanken sie, wie schon so oft, herbeigerufen haben? „Ti-Puss? Komm zu mir! Ich rufe zum letzten Mal! Ti-Puss ... Leb wohl, leb wohl!"

Einfältige Hunde antworten mir; sie bellen lästig.

Noch einmal raschelt es in den strohähnlichen Bambuszweigen unter der Terrasse ...

Ich habe „Flower Patch", habe dem unveränderlichen Kangtschendsonga den Rücken gekehrt.

Allein gehe ich zum letztenmal den Berg hinauf.

Nachwort

„Ti-Puss", erstmals in deutscher Übersetzung 1954 erschienen, ist Ella Maillarts Lieblingsbuch gewesen. Sie sagte immer, es falle zwischen die Kategorien und sei weder ganz Katzenbuch noch Reisebericht noch ein Buch über indische Weisheit. Das ist wahrscheinlich auch der Grund, warum es, im Gegensatz zu allen anderen Büchern Ella Maillarts, bisher nicht mehr neu aufgelegt wurde. Auch ich bin erst Anfang dieses Jahres wieder auf „Ti-Puss" gestoßen, obwohl ich das Buch nun schon seit zehn Jahre kenne, seit 1988, als ich damals zum 85. Geburtstag von Ella Maillart im gerade von vier Kolleginnen und mir neu gegründeten eFeF-Verlag ihr Buch „Flüchtige Idylle" verlegte. Es gibt Bücher, die man immer wieder liest, aber – in verschiedenen Lebensphasen – immer anders liest. So ist es mir mit „Ti-Puss" ergangen. Was mich beim letzten Lesen besonders berührte, waren Ella Maillarts Beschreibungen ihrer Verlusterfahrungen, ihr Ringen um die 'wahre' Liebe, die den anderen – auch ein Tier, eine Katze – sich selbst sein läßt, selbst dann, wenn der andere die Freiheit einer Zweisamkeit vorzieht. Katzen sind ja bekanntlich sehr freiheitsliebende Tiere, und es wundert mich nicht, daß Ella Maillart zu einer Katze eine besondere Nähe, ja eine Art Wahlverwandtschaft verspürt.

Aufgewachsen in der geborgenen Idylle eines gutbürgerlichen Elternhauses in Genf, verläßt Ella Maillart schon früh den sicheren Boden und begibt sich mit einem Segelboot auf die unsicheren Gefilde des Genfer Sees. Mit dreizehn Jahren gewinnt sie ihre ersten Regatten, mit neunzehn segelt sie zwei Jahre mit einer Freundin auf dem Mittelmeer und dem Atlantik und 1924 vertritt die 21jährige als einzige Frau des Schweizer Segelteams ihr Land bei den Olympischen Spielen in Paris. Sie nimmt an internationalen Skirennen teil und gründet die erste Damen-Hockey-Mannschaft der Schweiz.

Ella Maillart hat zu einer Zeit, als die meisten ihrer Zeitgenossinnen nicht im Traum an so etwas dachten, unbeschwert in Männerdomänen gewildert. 1925 segelt sie mit einer Frauenmannschaft an Bord der Jolle „Bonita" nach Kreta und nimmt an archäologischen Ausgrabungen teil. Auf dieser Reise lernt sie das „wahre Leben in der Natur" zu schätzen, genießt das Abenteuer, die Entdeckung: „Ich liebe diese hautnahe Auseinandersetzung mit den Schwierigkeiten, es ist die beste Art, mit der Wirklichkeit in Berührung zu kommen." Aber wie soll sie es anstellen, immer so ein Vagabundenleben führen zu können, nicht nur vier Wochen im Jahr. Um sich ihre Träume zu erfüllen, muß sie sich das Geld für ihre Reisen verdienen: als Tippfräulein und Modell, als Schauspielerin und Artistin in Berlin und Paris. In Berlin wird sie von der UFA als Stuntwoman für Heimatfilme engagiert.

1930 bricht sie zu ihrer ersten größeren Reise in die junge Sowjetunion auf, ein zu dieser Zeit kein einfaches Unterfangen, denn die Schweiz hatte die UdSSR völkerrechtlich nicht anerkannt. Ella Maillart will mit eigenen Augen sehen, wie das „kühnste Experiment der Neuzeit" mit den jahrhundertealten Traditionen und Kulturen zusammentrifft und berichtet darüber in ihrem Buch „Außer Kurs. Eine Reise in die Sowjetunion". Und prompt erfährt sie die westliche Reaktion. Man wirft ihr vor, mit der „bolschewistischen Ideologie" zu sympathisieren. „Das hat mich so getroffen", erzählt sie später, „daß ich mir geschworen habe, mich nie mehr mit Politik zu beschäftigen."

Die nächste Reise führt sie 1932 nach Zentralasien, in das sowjetische Turkestan. Sie schließt sich zunächst zwei reisenden Paaren an, reist dann aber vier Monate allein weiter – per Zug, Schiff und auf dem Rücken eines Kamels. Ihre Erinnerungen hält sie in ihrem Buch „Turkestan Solo" fest.

Ende 1934 wird sie von der französischen Zeitung „Le Petit Parisien" in das vom Bürgerkrieg zerrüttete China geschickt. Im Januar des folgenden Jahres trifft sie in Peking den „Times"-Korrespondenten Peter Flemin. Trotz Warnungen von Freunden und Experten wollen beide auf der Seidenstraße in die besetzte Provinz im Nordwesten Chinas, Sinkiang, vordringen. Gefahr droht nicht nur von den rauhen Wüsten-, Sumpf- und Berglandschaften, sondern von den aufständischen Rebellen, die in jedem Fremden einen Spion sehen. Doch Maillart und Fleming erreichen nach sechs Monaten unbehelligt ihr Ziel.

Bei den Nomaden findet sie das, was für ihr ganzes Leben bestimmend war und auch für ihre Reise „mit einer Katze als Kamerad" – so der Untertitel der deutschen Erstausgabe von „Ti-Puss" – durch Südindien zutrifft: die Suche nach Gelassenheit und Ausgeglichenheit. „Inzwischen verbrachte ich herrliche Monate, aber auf einer anderen Bewußtseinsstufe. Das Losgelöstsein von allem wurde ein Teil von mir. Es war normal, sich an nichts zu binden, nirgends und überall bei sich zu sein, wie ein ewiger Nomade zu leben. Ich war reich und zufrieden, weit weg von zu Hause – ohne Dach überm Kopf, ohne Holz fürs Feuer, ohne Brot; im Winter auf 4000 m Höhe mit zwei Tassen Gerstenmehl am Tag; glücklich in einer Welt des Nichts. Ich hatte Europa vergessen, und es ging an mir vorbei. Die Grenzenlosigkeit und Einsamkeit wurden ein Teil von mir. Sie offenbarten ihr tiefes Geheimnis. Wir werden nur zu vollkommenen Menschen, wenn wir direkt an Orte, Personen, Gefühle und Ideen gebunden sind."

Zum Reisen, so Maillart, braucht man nur die Bereitschaft, die Menschen und Dinge in sich aufnehmen zu wollen, das aber ohne Scheuklappen. Am besten ist es, man läßt wie Ella Maillart die eigenen Ansichten an der Grenze zurück, denn erst, wenn man sich von allem Ballast freigemacht hat, kann man das Andere verstehen.

Kurz vor Ausbruch des Zweiten Weltkrieges bricht Ella Maillart mit der Schweizer Fotojournalistin und Schriftstellerin Annemarie Schwarzenbach nach Afghanistan auf. Diese Reise ist nicht nur eine Flucht vor dem „tobenden, fiebernden Europa", Annemarie Schwarzenbach ist drogenabhängig, und es ist eine ungeheure Herausforderung für die 36jährige Ella, ihre Freundin „aus ihrer negativen Atmosphäre zu retten". Aber Annemarie Schwarzenbach hat ihre Drogensucht mit sich genommen, immer wieder wird sie rückfällig, worüber die lebenspraktische und resolute Ella tief enttäuscht ist. Doch die Enttäuschung weicht einer zunehmenden Besorgnis und schließlich sogar einem versöhnenden Verständnis, denn Annemaries Leidensfähigkeit verschafft ihr einen Zugang zu einer Welt, die anderen Menschen verschlossen bleibt. „Ich pflegte sie zu bedauern", schreibt Maillart in „Flüchtige Idylle“, ihrer Hommage an Annemarie Schwarzenbach, „aber das war nicht nötig – sie erlebte das Tiefste, das Köstlichste: die unwandelbare Wahrheit. Die Erhabenheit ihrer Wahrheit erleuchtete sie schließlich, obwohl ich nicht weiß, ob die Zeit dafür reicht, ihr Alltagsleben zu ändern.“ Die Zeit reichte nicht; zwei Jahre nach der gemeinsamen Reise mit Ella Maillart verunglückt Annemarie Schwarzenbach bei einem Fahrradunfall tödlich.

Wenn Ella Maillart gekonnt hätte, sie hätte den Einzug des Fortschritts in das Morgenland verhindert. „Schulen! In Kirgisistan, in der Mandschurei, in China, in Indien wird dieses Wort gebraucht, als sei es der Schlüssel zur Lösung aller Probleme. Natürlich bin ich froh, daß ich lesen und schreiben kann und zusammenzurechnen vermag, was ich am Tag ausgegeben habe. Aber Schulen entwickeln die Eigenschaften nicht im gleichen Maße wie sie sie ersticken können mit abgedroschenen Fakten. ... Unsere abendländischen Ideen werden sich mit der Entwicklung der Bildung weiter ausbreiten. Aber unsere Art Bildung ist ein gefährliches Lösungsmittel: Es spaltet, es wird ihn (den jungen Mann) lehren zu kritisieren, er wird glauben, er wisse genug, um zu urteilen. Er wird die Reihen der kleinen Prometheusse vergrößern, und bald wird er sich allein fühlen, wird in völliger Einsamkeit gegen die Welt anschwimmen.“

Während in Europa der Zweite Weltkrieg tobt, lebt Ella Maillart mit ihrer Katze in Indien, der große Ramana Maharischi wird ihr spiritueller Lehrmeister. Davon berichtet das vorliegende Buch. Noch mit über achtzig Jahren begleitete Ella Maillart eine Reisegruppe nach Nepal und Tibet. Wenn sie nicht auf Reisen war, verbrachte sie die Tage in ihrer kleinen Berghütte in Chandolin in den Walliser Alpen, den Winter in ihrer Geburtsstadt Genf, wo sie 1997 verstarb.

Ihr Leben lang suchte Ella Maillart auf ihren Reisen nach der Wahrheit, bis sie erkennt, daß keine Reise ans Ende der Welt führt, daß man immer wieder auf sich selbst zurückgeworfen wird: „Am Ende einer Reise stoße ich immer wieder auf mich, und ich bereue es, daß ich so viele Jahre vertan habe, bis ich den Mut hatte, mich selbst kennenzulernen."

Brigitte Ebersbach, im Juli 1998.